SAINT MAURICE

Collection dirigée par
Marc Dem

Déjà parus

Bénédicte Demeulenaere, *Saint Benoît.*
Bénédicte Demeulenaere, *Sainte Brigitte de Suède.*
Bénédicte Demeulenaere, *Saint Étienne de Hongrie.*
Marc Dem, *Saint François de Sales.*
Régine Pernoud, *Saint Jérôme.*
Annonciade Coléno, *Saint Patrick.*

ANNONCIADE COLÉNO

SAINT MAURICE

ÉDITIONS DU ROCHER
Jean-Paul Bertrand

ISBN 2-268-02571-3

1

Avertissement

Comment un homme à la vie inconnue peut-il être déclaré saint ? Comment le même personnage peut-il être proposé pendant des siècles, avec autant de succès, à la piété des foules et susciter à ce point la ferveur religieuse que du début du IVe siècle à nos jours des hommes, pèlerins et religieux, se soient succédé sans interruption pour prier sur son tombeau ?

Simplement parce que Maurice est un saint martyr. Mort pour témoigner de sa foi en Jésus-Christ, il est canonisé d'office, sans procès ni enquête, non sur la vertu et la piété d'une vie entière mais sur le caractère exceptionnel d'un seul acte.

Le martyr étant une sorte de saint à titre posthume, on sait rarement grand-chose de sa vie, même si l'on imagine qu'une vie spirituelle exceptionnellement riche prélude au renoncement total. C'est le cas de saint Maurice. Curieusement, la légende n'a pas comblé le trou, elle ne s'est pas nourrie du vide pour montrer un jeune enfant extraordinairement pieux prêcher la foi à ses compatriotes sur les bords du Nil ! Simplement parce que c'était inutile. Pour les chrétiens des premiers siècles comme pour ceux d'après, seul l'essentiel comptait : le martyre.

À peu de chose près, on pourrait prétendre que la vie de saint Maurice commence le jour de sa mort, le 22 septembre 302 à Agaune, petite cité du Valais romain, puisque sa vie est aussi discrète que celle de la plupart des premiers saints de la chrétienté. On pourrait intituler cet ouvrage non « vie et mort de saint Maurice » mais plutôt « mort et vie de saint Maurice », puisque selon les mots de Montmélian, « les saints ont deux naissances, l'une à la vie de la terre, l'autre à la vie du ciel ».

Or dans le cas de saint Maurice, omettre de se pencher sur le contexte de son passage sur la terre serait se priver de l'une des périodes les plus cruciales de l'histoire de la Chrétienté. Empire romain décadent, migrations nouvelles, persécutions des premiers baptisés et développement de la chrétienté chez les barbares : autant de faits qui conditionnent l'histoire de saint Maurice.

Autant de domaines que l'étude de la vie de saint Maurice nous offre de creuser et de comprendre par ricochet. Ce sont des faits souvent méconnus. Profitons-en donc.

2

Un personnage sans visage

Rechercher les jalons de la vie de saint Maurice oblige à admettre que de multiples questions resteront orphelines de toute réponse sérieuse. Ceux qui se plaisent à faire remonter la genèse de la sainteté au sein maternel seront déçus.

De la jeunesse de Maurice, on ne sait absolument rien. Il n'a pas de visage. On peut penser qu'il eut la peau couleur tabac, comme tous les hommes nés sur les bords du Nil, sans plus. Nous ne connaissons ni son nom de famille, ni sa ville natale. Nous devons encore nous passer d'indications sociales situant sa famille, nous ne disposons d'aucune anecdote d'enfance. Rien qui rende compte des premières années d'un enfant élevé dans les plaines prospères de Thébaïde.

L'existence de Maurice ne peut être décrite qu'à partir du moment où il choisit la carrière des armes en s'engageant au sein de l'un des corps d'armée les plus fameux de l'Empire romain. Il devient officier à Thèbes, dans la XXIIe légion. Cette légion d'élite prend volontiers le nom de « glorieuse » ou de « victorieuse » dans la bouche des initiés. Ses hommes, durs à la peine, ont remporté bien des succès en

Europe. L'empereur sait pouvoir compter sur elle pour ses combats les plus périlleux.

À l'époque où Maurice s'entraîne aux confins de l'Empire, il sait que sa légion ne va pas tarder à reprendre les chemins de l'Europe en pleine transformation. Comme beaucoup d'hommes de son temps, il suit les péripéties houleuses qui agitent le gouvernement auquel il est rattaché.

Une page d'histoire, l'une des plus sombres et surtout l'une des dernières pour l'Empire est en train de s'écrire. Au sein de la grande puissance des premiers siècles de notre ère, celle qui englobait fièrement les côtes de toute l'Afrique du Nord, la Palestine, l'Asie Mineure, la Grèce, la Yougoslavie, la Suisse, l'Allemagne du Sud, la Gaule, l'Espagne et les îles Britanniques, il n'y a plus d'unité politique. Aux périls internes s'ajoute la menace des assauts constants perpétrés par des hordes barbares d'une arrogance nouvelle. Du nord au sud, de Byzance à l'Irlande, des tribus inconnues et des groupes ethniques effectuent des raids dans les régions les plus fragiles de l'Empire, enlevant les femmes et les richesses. Les Romains ne se sentent guère en paix. Ils savent que chacun de ces chefs sans scrupules caresse le rêve de prendre Rome pour capitale, puis d'augmenter sa puissance au gré des combats.

On reçoit de partout d'angoissantes nouvelles. Les Alamans ont passé le Rhin, pillant Avenches et bientôt Lausanne. Vont-ils descendre dans la vallée du Rhône ? La Gaule septentrionale est ravagée, la Lorraine se sent menacée, tandis que Carausius fait sécession en Bretagne.

Les derniers empereurs tentent tant bien que mal d'éviter l'éclatement de leur bien. Dioclétien, né en 246 après Jésus-Christ près de Salone en Dalmatie, arrive au pouvoir en 285. Plein de courage, il veut réorganiser les finances, le cadastre et les impôts. Il simplifie aussi les procédures judiciaires, ouvre des écoles, lance de grands travaux parmi lesquels la construction des thermes. Son ambition serait satisfaite s'il parvenait à fixer des prix identiques à travers l'Empire... Mais que signifie l'Empire ?

Après quelques mois de lutte, Dioclétien se rend compte de son incapacité à faire face seul à tous les problèmes. Alors qu'il se trouve en Orient, il apprend que l'Occident a besoin d'un renfort guerrier urgent pour se défaire de nouveaux envahisseurs. Dépassé, il décide d'instaurer un mode de gouvernement nouveau, en partageant l'Empire avec un autre auguste. Il fixe son choix sur Maximien, qui prend ses fonctions de co-empereur en 286.

Dioclétien se réserve la partie orientale de l'Empire avec Nicomédie pour capitale, offrant à son collègue de prendre en main les provinces occidentales dont on fixe le siège à Milan.

Mais les remous ne cessent pas, si bien qu'en 292, les deux compères désignent deux césars pour leur prêter main-forte : Galère et Constance Chlore. Galère se charge de la Grèce, de la Thrace et des contrées danubiennes. Constance Chlore reçoit le gouvernement de la Gaule et de la Bretagne.

Dioclétien s'estime satisfait de cette division du pouvoir. Comme il apprécie la vie et la détente, il entreprend bientôt de se faire construire un palais à Spalato, ville qui correspond à l'actuel port de Split en Croatie. Il prépare à cet endroit le lieu de sa retraite, qu'il espère longue et paisible, en ordonnant la construction d'une immense forteresse carrée défendue par une muraille hérissée de seize tours carrées ou octogonales, et dont une façade, celle du sud, ouvre directement sur l'Adriatique.

Autrement dit, il n'éprouvera jamais de remords de s'être dessaisi d'une partie de sa puissance et il ne disputera jamais le pouvoir à ceux qu'il a choisis pour l'assister. Dans les régions qu'il administre, il adopte au début une attitude de relative tolérance. Il fait en revanche preuve dès le début de son règne d'un tempérament vaniteux qui ne souffre aucune entrave au protocole qui lui est dû, et qu'il a d'ailleurs lui-même fixé.

Politiquement, Maximien et Galère ont les mains libres. Hélas pour les peuples qu'ils dominent : ils se montrent grossiers soldats, volontiers persécuteurs de chrétiens. Constance est beaucoup plus modéré en ce domaine. D'un naturel bienveillant, il laisse chacun sacrifier aux dieux qu'il veut.

C'est dans cette ère de tétrarchie que Maurice s'entraîne en Égypte, pour le compte de l'Empire finissant. Engagé pour vingt années seulement, en raison de la dureté des conditions de vie des légionnaires des corps d'élite. D'autres troupes, moins sollicitées, servaient vingt-cinq ans. Il sait que par les temps qui courent il va devoir aller combattre au loin des hommes presque sauvages, issus de contrées inconnues. Il ne se doute pas qu'il devra aussi contrer des populations civilisées, simplement lassées des excès romains.

Il sait aussi qu'au soir de sa carrière militaire, si Dieu lui prête vie, il ira couler des jours de retraite heureux, sur les bords du Nil ou dans le Sud de la Gaule. En effet, depuis Auguste, de nombreux vétérans d'Égypte terminent leur vie dans la grande ville romaine de Nîmes, fondée près de la source du génie Nemausus. De cette ville, Maurice a entendu parler, parfois avec ravissement, parfois avec horreur.

Nîmes se dresse plus fièrement encore dans le paysage méditerranéen que les autres villes romaines fortifiées de la région. On la repère de loin grâce à sa tour Magne, haute de quarante mètres. On se demande si les habitants de la région tirent plus d'orgueil de l'esthétisme de sa silhouette ou des kilomètres de fortifications dont elle occupe le centre. À son ombre, des concours de poésie se tiennent en plein air, dès que le printemps s'annonce. On y rencontre aussi des musiciens, venus de Naples.

Nîmes attire encore pour ses arènes. Ce lieu mythique où se déroulent jeux et offices religieux ne laisse personne indifférent. Pour certains, le bâtiment est synonyme de perfection architecturale avec le dessin impeccable de ses travées de gradins, le tracé irréprochable de la piste, les substructures sans défaut, l'impeccable ordonnance des grosses pierres qui garnissent les façades et de l'appareil plus petit qui orne les galeries.

Vingt-trois mille spectateurs s'y pressent les jours de fête. Grisés par la boisson et par l'opportunité d'être réunis en aussi grand nombre, ils hurlent leur enthousiasme. Du gardien de porcs au sénateur en passant par le militaire, chacun y a sa place. Il suffit de suivre les vomitoires impartis à chaque classe sociale.

Certains jours, le raffinement des lieux est confondant. Dans les mois les plus froids, des tentures couvrent la structure de pierre. Des marins se chargent de tendre des toiles de lin, colorées avec des coquillages et des plantes, sur vingt-quatre mâts. On bénéficie alors d'une lumière filtrée, qui tombe tantôt d'une toile bleue semée d'étoiles, tantôt à travers une tenture rouge. Des flacons de parfum sont même répandus dans les galeries, afin de piéger l'odeur des urinoirs.

Il n'y a guère que pour les chrétiens que les arènes peuvent avoir des accents douloureux. Combien ont déjà été livrés aux bêtes avant le passage sur la terre de Maurice ? Nul ne le sait. Mais ce que l'on peut affirmer avec certitude en revanche, c'est qu'au temps de Maurice, ce péril encouru par les chrétiens fait encore partie des mœurs romaines.

3

Le temps des persécutions

Maurice, en dépit de son métier, a reçu le baptême. Circonstance aggravante, il ne s'en cache pas. Comment la chose est-elle possible dans l'armée romaine du IIIe siècle ?

La liberté religieuse à cette époque est avant tout une question de géographie. Maurice vit sur les bords du Nil, où la répression s'avère moins draconienne que de l'autre côté de la Méditerranée. Les premiers chrétiens d'Afrique du Nord vivent leur religion comme ils l'entendent. On leur demande rarement d'en rendre compte aux autorités, même si celles-ci sont romaines depuis la mort de Cléopâtre.

À Alexandrie comme à Smyrne, les chrétiens ne vivent pas comme des bêtes traquées, comme en Italie. À Rome, l'Église commence dans les catacombes et y demeure un certain temps. Le christianisme suscite a priori l'hostilité des païens qui se prennent pour des citoyens modèles dès lors qu'ils sacrifient sur les autels des divinités et qu'ils rendent un culte aux ancêtres. Souvent molestés, voire exécutés, les chrétiens font les frais d'édits impériaux successifs qui les visent plus ou moins directement. Les persécutions ne s'estompent quelque temps que pour reprendre de plus belle.

Maurice est sans doute très au fait des persécutions chrétiennes, l'un des sujets d'actualité de l'époque. Cet « âge des persécutions » dure jusqu'en 313, une dizaine d'années après sa mort.

Au départ, ces actes barbares découlèrent du rejet confortable de la chrétienté en tant que phénomène nouveau.

D'après les auteurs latins, on peut en distinguer deux types. De 50 à 250, les persécutions sont des faits ponctuels et locaux. Colère d'une poignée de partisans de la religion traditionnelle, démonstration de puissance de la part d'un gouverneur hostile à la nouveauté, révolte de paysans cherchant la cause d'une catastrophe naturelle... Chaque fois, quelques chrétiens perdent la vie. Vers 120, Tacite avait écrit à propos de l'incendie qui ravagea Rome en 64 : « Aucun moyen humain, ni les largesses du prince, ni les cérémonies pour apaiser les dieux, ne faisaient céder l'opinion infamante d'après laquelle l'incendie avait été ordonné. En conséquence, pour étouffer la rumeur, Néron produisit comme inculpés et livra aux tourments les plus raffinés des gens, que la foule appelait "chrétiens". Ce nom leur vient de Christ, que, sous le principat de Tibère, le procurateur Ponce Pilate avait livré au supplice. » Tacite dit encore que cette superstition « faisait de nouveau irruption, non seulement en Judée, berceau du mal, mais encore à Rome, où tout ce qu'il y a d'affreux et de honteux dans le monde converge et se répand.

On commença donc par poursuivre ceux qui avouaient, puis, sur leur dénonciation, une multitude immense ».

Dans la lignée des persécuteurs, Néron, par sadisme personnel, tient une place de choix. Vers 65, il fait une constante des supplices infligés aux chrétiens. Ceux-ci, accusés de multiples catastrophes naturelles, sont jetés aux lions, parfois brûlés vifs, voire crucifiés. Néron ajoute la dérision aux peines déjà connues. Il décide que les humains livrés aux bêtes seront aussi vêtus de peaux de bête. Il déclare que les crucifiés, à la nuit venue, serviront de torche. Il suffira que le haut des croix soit mis en feu pour que les condamnés éclairent alentour avant d'être eux-mêmes dévorés par les flammes. Pour profiter du spectacle, il offre ses propres jardins qui s'étendaient du Tibre à la colline du Vatican, comme théâtre des supplices. Il ne manque jamais les mises à mort du cirque. Dans son Colisée flambant neuf, il ne craint pas de se mélanger au peuple pour crier sa haine avec les plus abjects des Romains.

Néron meurt, les persécutions continuent sous Trajan, quoique de façon moins cruelle et moins systématique. En 111, Pline le Jeune qui est alors gouverneur de Bithynie, rend compte à Trajan de certaines exécutions. Ceux qui ont avoué être chrétiens et ont tenu à le rester, lui écrit-il, ont été exécutés car « quoi que signifiât leur aveu, j'étais sûr du moins qu'il fallait punir cet entêtement et cette obstination inflexibles ». Pline ne les accuse plus de provoquer des catastrophes naturelles, il ne tient pas compte des multiples dénonciations anonymes dont ils font l'objet, mais il ne voudrait pas non plus faire mine d'encourager « une superstition déraisonnable et sans mesure ». Il donne donc son tarif : « Il ne faut pas poursuivre d'office. S'ils sont dénoncés et convaincus, il faut les condamner, mais avec la restriction suivante : celui qui aura nié être chrétien et en aura, par les faits eux-mêmes, donné la preuve manifeste — je veux dire en sacrifiant à nos dieux —, même s'il a été suspect en ce qui concerne le passé, obtiendra le pardon comme prix de son repentir. »

La semi-clémence de Trajan fit jurisprudence longtemps. Au IIe siècle et dans la première moitié du IIIe siècle, les choses se passent de la sorte.

Les persécutions sporadiques continuent malgré tout, y compris parmi les grands de l'Empire. Le philosophe Justin se convertit et meurt martyr en 165. Ce qui gêne les autorités, c'est la grande solidarité dont font preuve les chrétiens entre eux. Lors des procès des uns, il n'est pas rare que d'autres viennent, bravant les menaces qui pèsent sur eux, juste pour soutenir leurs semblables.

Les offices des chrétiens, et particulièrement les messes, sont très mal compris au début. Le baiser de paix ou la communion sont qualifiés de sorcellerie. Parfois on parle du phénomène des catacombes à contresens. On accuse ceux qui s'y cachent parce qu'ils se sentent menacés de vouloir dissimuler leur activité religieuse.

On craint aussi pour la stabilité politique et sociale de l'Empire, d'autant que la chrétienté comporte un caractère de contagion qui déborde largement les frontières d'un pays.

À Rome, l'honnête homme pratique la religion officielle, rendant notamment un culte très précis à ses ancêtres. Ceux qui ne participent pas aux rites sont montrés du doigt, et, le temps aidant, accusés de « haine du genre humain ». À la fin du IIe siècle, Tertullien le Carthaginois, premier auteur chrétien, écrit : « Le Tibre a-t-il débordé dans la ville, le Nil n'a-t-il pas débordé dans les campagnes, le ciel est-il resté immobile, la terre a-t-elle tremblé, la famine ou la peste se sont-elles déclarées, aussitôt on crie : Les chrétiens aux lions ! » Solution de facilité en quelque sorte.

Maurice a sans doute lu l'un ou l'autre des récits de profession de foi faits par des chrétiens qui paient de leur sang leur fidélité aux promesses de leur baptême. Il nous reste ce texte d'une audience qui eut lieu à Carthage en 180, sous le second consulat de Praesens et sous le premier mandat de Condianus, le 16 des calendes d'août. Six chrétiens comparaissaient, répondant aux noms de Speratus, Nartazalus, Cittinus, Secunda et Vestia. Le proconsul Saturninus prend la parole :

— Vous pouvez obtenir le pardon de notre seigneur l'Empereur, si vous revenez à la raison.

Speratus répond :

— Nous n'avons jamais rien fait de mal ni participé à aucune iniquité. Nous n'avons jamais rien fait de mal, au contraire, quand on nous maltraitait, nous avons rendu grâce, parce que nous honorons notre Empereur.

Saturninus reprend la parole :

— Nous aussi, nous sommes religieux, et notre religion est simple : nous jurons par le génie de notre seigneur l'Empereur et nous prions pour son salut. Vous devez le faire aussi !

Speratus :

— Si tu veux bien m'écouter tranquillement, je t'expliquerai le mystère de la simplicité.

Mais Saturninus :

— Tu vas attaquer notre religion ! Je ne t'écouterai pas. Jurez plutôt par le génie de notre seigneur l'Empereur.

Speratus :

— Moi, je ne connais pas l'empire de ce monde, mais je sers ce Dieu qu'aucun homme ne peut voir de ses yeux. Je n'ai pas commis de vol. Si j'achète quelque chose, je paie les taxes. C'est que je connais mon Seigneur, l'Empereur des rois de toutes les nations.

Le proconsul s'adressant aux six chrétiens :

— Abandonnez cette croyance !

Speratus :

— La croyance mauvaise, c'est de commettre l'homicide, de rendre un faux témoignage.

Saturninus :

— Ne vous associez pas à cette folie !

Cittinus :

— Nous ne craignons personne, si ce n'est le Seigneur notre Dieu qui est au ciel.

Donata :

— Nous honorons César comme César, mais ne craignons que Dieu.

Vestia :

— Je suis chrétienne.

Secunda :

— Je le suis, je veux l'être.

Le proconsul s'adressant encore à Speratus :

— Tu persistes à te dire chrétien ?

Speratus :

— Je suis chrétien.

Tous faisant la même déclaration, le proconsul ne peut que demander :

— Voulez-vous un sursis pour réfléchir ?

Speratus :

— Dans une chose si claire, il n'y a pas à réfléchir.

Saturninus :

— Profitez d'un ajournement de trente jours, et souvenez-vous.

Speratus :

— Je suis chrétien.

On nota la sentence sur une tablette, et le proconsul Saturninus put la lire : « Speratus, Nartazalus, Cittinus, Donata, Vestia, Secunda et tous les autres ont confessé qu'ils vivaient selon le rite chrétien. Attendu que leur a été offerte la faculté de revenir à la religion traditionnelle des Romains et qu'ils ont refusé avec obstination, nous les condamnons à périr par le glaive » (Extrait des Actes du Martyre des Scillitains).

Un témoignage qui n'affaiblit en rien l'ardeur des nouveaux chrétiens.

Maurice est certainement au courant des mesures qu'édicte Dèce en 249, puisque des certificats de sacrifices rendus obligatoires ont été retrouvés dans les sables d'Égypte.

Avec l'accession de Dèce au titre d'empereur en effet, une nouvelle vague de répression religieuse s'amorce. Les Barbares menacent son empire de toutes parts. Ne sachant où donner de la tête, le nouveau maître de Rome, pour renforcer son pouvoir, veut en assurer l'unité aussi bien politique que religieuse. Il publie en décembre 249 un édit dramatique pour les chrétiens. Il en découle que des commissions locales vont être mises en place pour contrôler l'exécution de la nouvelle mesure et pour délivrer des certificats de sacrifices aux hommes. On en a gardé un exemplaire :

« À ma commission, établie pour le contrôle des sacrifices, de la part d'Aurelios Anesis Serens du billage de Théadelphie, j'ai toujours offert des sacrifices aux dieux, et encore maintenant, j'ai offert en votre présence, conformément à l'édit, des sacrifices de vin et d'animaux, et j'ai goûté de la viande des victimes, et je vous prie de l'attester par votre signature. Portez-vous bien. Signé : Anesis, âgé de 32 ans, accusé à tort. » Fait suite à cette déclaration, l'attestation de la commission : « Nous, Aurelius Serenus et Aurelius Hermas, nous t'avons vu sacrifier. » Il y a encore la contre-signature d'une troisième main : « Moi, Hermas, je l'atteste. » Puis la première main revient : « La première année de l'Empereur César Gaius Messius Quintus Tarinus Decius Pius Felix Augustius, le 18 pauni. »

Jusqu'en 313, des édits nationaux traitent la religion catholique de façon hostile. Souvent draconiens, mis en application par des persécuteurs implacables. Parfois un homme fait preuve de plus d'humanité que ses prédécesseurs. Sous Gallien par exemple, la persécution cesse.

Puis Dioclétien arrive au pouvoir. Après presque vingt années d'indifférence au phénomène de la chrétienté qui se développe à une cadence effrénée, il est le maître d'œuvre de la persécution la plus terrible que l'Empire romain eut à souffrir.

En 299, il cherche à débarrasser l'armée de tous les chrétiens qui pourraient s'y trouver. Entre février 303 et février 304, il promulgue quatre édits successifs qui s'en prennent directement aux chrétiens. La politique impériale prend un tournant nouveau, rendant officielle une partie de la deuxième grande vague de répression du catholicisme. Dioclétien va personnellement réprimer deux révoltes des peuples de la Thébaïde en les noyant dans le sang. Il fait aussi raser, pour l'exemple, deux des principales villes de la région que sont Busiris et Coptos, aux alentours de l'an 292. Une persécution liée au régime politique, qui va toucher Maurice de plein fouet.

4

Le soldat de l'Empire

Maurice tient sa place dans l'existence de l'Empire en tant que soldat et non en tant que chrétien. Son rôle consiste en la défense des intérêts romains, puisque l'Égypte est colonie romaine depuis plusieurs siècles. Les pyramides font déjà partie du patrimoine. Le temps des pharaons aussi.

La date de fondation de cette colonie peut prêter à au moins deux interprétations. Certains auteurs pensent que Rome étendit son Empire jusqu'aux rives du Nil trente ans avant la naissance du Christ, lorsque Octave, en s'imposant, mit un terme à la dynastie des Ptolémée. D'autres penchent pour l'hypothèse d'Auguste entrant triomphalement dans Alexandrie trente et une années avant notre ère, à la faveur de la victoire d'Actium.

Là n'est pas notre propos puisque Maurice reste un passager du IIIe siècle, époque au demeurant guère plus confortable à décrire en matière de dates.

Que dirige au juste Maurice ? L'histoire de la XXIIe légion garde jalousement ses zones d'ombre. Les premiers siècles ne nous ont pas légué de chronique militaire qui décrive par le menu la composition et l'histoire de chaque légion ayant participé aux guerres de l'Empire. Pour évoquer celle que commanda Maurice, on peut se baser tout au plus sur les définitions génériques de l'art militaire romain et laisser certaines questions sans réponse.

Une légion romaine comptait en principe six mille hommes, répartis en dix cohortes. Dans l'application, on pouvait trouver des légions de deux à quatre mille hommes, lorsque les combats avaient fait rage et que les perdus n'avaient pas encore été remplacés. Peut-on imaginer moins de mille hommes pour composer une légion stationnée en Italie ? Ces effectifs n'auraient pas fait le poids face aux barbares rompus à la pratique de l'attaque surprise. Si bien que les Romains regroupaient les légions entre elles lorsqu'elles ne se comptaient plus en milliers mais en centaines d'hommes.

Basée à Thèbes, la légion de Maurice doit être envisagée différemment. Ces troupes étrangères pouvaient être plus modestes dans leurs effectifs. Elles venaient en appoint des troupes romaines, débordées à l'époque de notre saint. À la fin du Haut-Empire en effet, on dénombre ainsi trente-cinq légions, toutes massées aux frontières, afin de sauver ce qui peut encore l'être d'une *pax romana* de plus en plus contestée.

Les troupes du type de celle que dirige Maurice apparaissent dès 260 dans le paysage militaire romain, à l'instigation de Gallien. La création de ces troupes de campagne, sorte de corps auxiliaires, a été confirmée et reconduite par Dioclétien. Les années passant, l'Empire sollicite de plus en plus souvent des détachements d'appoint pour intervenir en Europe.

Comme ses prédécesseurs, Maximien, à peine familiarisé avec les délices du pouvoir, se voit obligé de détacher des troupes de leur affectation première aux confins de l'Empire, pour combattre localement les barbares au cœur de l'Europe. L'usage que l'on fait de ses hommes est si régulier, qu'ils quittent bientôt les noms de Vexilla et de Vexillationes, pour prendre eux aussi le nom de légion, en dépit d'un nombre d'hommes infiniment plus modeste.

Encore une fois, la légion de Maurice ne dépasse certainement pas le millier d'hommes. La légende dorée, qui n'est jamais à un excès près, parle même de 6 666 hommes... Mais tel ne peut pas être le cas, étant donnée l'origine de ces hommes. De plus, dans son récit de la *Passio martyrum acaunensium*, Eucher, évêque de Lyon vers 440, fait état d'un unique porte-enseigne. On peut donc estimer le détachement à la valeur d'une cohorte, c'est-à-dire environ six cents hommes. Pour évoquer les calculs les plus précis existant, ajoutons que plusieurs spécialistes ont avancé le nombre de 682 hommes, parmi lesquels ils distinguent 550 fantassins et 132 cavaliers.

Maurice, renseignement pour une fois incontestable, occupe le rôle de primicier au sein de cette légion. Ce terme, qui signifie littéralement « celui qui est inscrit en premier sur la tablette de cire », s'énonce en latin de façon bien plus élégante : *primus in cera*. Il a, autrement dit, le grade de centurion commandant.

Deux autres officiers ont laissé leur trace de façon nominative : Candide et Exupère.

Candide tient le rang de *senator militum*. Cela équivaut à un rôle d'officier du grade de centurion exerçant en plus la fonction d'instructeur. Qualifié de *princeps*, il est le commandant du manipule et subordonné direct du *primicerus*. Faut-il déduire de son nom que sa peau était blanche tandis que celle de Maurice était noire ? On peut le penser, sans en avoir la preuve absolue. D'ailleurs, Maurice était-il si noir qu'on le dit ? En réalité, nous avons affaire à un anachronisme. Le « Maure » était à l'époque romaine un habitant de l'ancienne Mauritanie située au Maghreb et dont la population était blanche. Le mot a dérivé bien après, pour aboutir en héraldique à la « tête de Maure », qui est celle d'un noir au front ceint d'un ruban blanc.

Exupère, deuxième guerrier retenu par la chronique, tient le rôle de *campi ductor*. Sous-officier d'infanterie sans doute, ce titre correspond à un rôle de chef d'exploration, d'éclaireur.

Une fois de plus, l'hésitation est de rigueur, puisque, en ces temps troublés où les chefs romains se démultiplient, l'armée vit un certain nombre de transformations. Certains grades subissent des modifications, tandis que des troupes sont refondues en d'autres.

Le plus important à signaler reste ce cachet chrétien qu'affirme *in petto* chaque soldat au sein de la légion conduite par Maurice. Comment expliquer cette constante ? Le phénomène découle de l'origine géographique des hommes. On a parfois pensé que cette légion aurait pu séjourner en Gaule plusieurs années auparavant, et prendre contact avec le christianisme en en prenant connaissance de la bouche du pape lui-même. On dit que les guerriers auraient alors fait serment, à genoux devant le successeur de saint Pierre, de ne jamais partir en bataille contre d'autres chrétiens.

Mais pourquoi aller chercher si loin les origines d'une religion que les soldats ont pu cueillir auprès du berceau de la chrétienté ? Une autre légende les fait passer par Jérusalem où ils se convertissent grâce aux prédications de l'évêque Hymnémode.

Maurice et ses hommes jouissent d'un repos bien mérité dans les premiers mois de l'année 302. Ils viennent de remporter une victoire éclatante contre les Quades et les Marcomas. Soudain, des messagers accourent vers eux. Rome, au terme d'une guerre cruelle en 300, peut compter sur la parfaite soumission de l'Égypte. Il suffit de mander les troupes pour qu'elles répondent immédiatement aux ordres. Les messagers se sont donc relayés depuis la mer, pour porter à ces soldats des confins de l'Empire le message de Maximien. Il consiste en un appel au secours : Maximien a besoin de la XXIIe légion pour venir à bout de la rébellion de barbares dans le Valais, que les Romains nomment *Vallis Poenina.* En grand secret, l'ordre de mission a longé le Nil, seulement connu par quelques hommes de confiance. Inutile de colporter partout que l'Empire ne fait plus face aux soulèvements mineurs.

Le long du fleuve, les rumeurs circulent moins vite que dans les murs de Rome. Les messagers n'ont même pas eu à prendre garde d'éviter les grandes villes, échelonnées le long de l'eau nourricière, tant il est vrai que de ses caprices dépendent famines ou abondance. En traversant ces plaines fertiles qui font de cette région tout en long le grenier à blé de l'Empire, les hommes ont côtoyé une population agricole parlant égyptien, occupée à surveiller quotidiennement la hauteur des eaux. Ils vivent, en effet, au rythme des crues du Grand-Fleuve, que l'on mesure à Éléphantine à l'aide du nilomètre.

Les messagers ont passé leur chemin sans encombre. Naucratis. Nicice. Terenuthis. Passage sur l'autre rive du Nil. Memphis. Antinoopolis. Antaeopolis. Panopolis. Tentyra. Il suffisait de suivre la voie romaine jusqu'à Thèbes.

Thèbes où les soldats ont bouclé leurs paquets en toute hâte, sans demander plus d'explications : L'Empereur les attend, ils se mettent déjà en route.

En quelques jours, les *impedimenta* sont prêts : ils

ont plié avec soin leur tenue d'apparat, qu'ils ont placée dans de grands chariots. Le matériel de guerre a été rassemblé en un clin d'œil, casques de cuir et petits boucliers ronds, lances, glaives, longues piques terminées d'une pointe de fer acérée.

Un matin, avant l'aube, la légion a quitté Thèbes. Deux chevaux tirent chacun des chariots. Au « nécessaire de guerre » on a ajouté de l'eau, des vivres et des couvertures. Nul ne sait combien de temps durera l'absence. Cette fois encore, il va falloir traverser la mer pour atteindre l'Europe. Pour monter jusqu'où exactement ? Le soldat ne sait toujours pas. Il s'en moque d'ailleurs, on lui expliquera bien assez tôt à quelle sorte de barbares il va devoir se frotter !

En tête de la colonne, Maurice et ses officiers avancent à cheval. La troupe suit, alerte, disposée par paquets d'une centaine d'hommes chacun. On ne se méfie de rien, le pays est si calme !

Remontée vers le nord. Ptolmais. Hermiou. Traversée du Nil. Hermopolis. Oxyrhynchus. Héracléopolis. Memphis... L'autre voie romaine existante en somme. Du regard, les hommes disent adieu à leur terre paisible, à leur ruban fertile planté de blé, soigneusement irrigué.

Voici Alexandrie, le plus grand port de la Méditerranée, où, selon le géographe grec Strabon, « les rues qui s'entrecroisent sont empruntées par les chevaux et les chariots ». Cette capitale, vaste cité qui parle grec, affirme de cette manière la supériorité absolue de ses habitants sur ceux des gros villages fermiers du delta. La ville fondée par Alexandre le Grand en 331 avant Jésus-Christ, comporte aussi des campements de légionnaires. On ne sait s'ils grossissent les effectifs de la légion de Maurice ou s'ils sont déjà en mission ailleurs. Peu de risques en revanche que les légions basées à Babylone aient été amenées à participer aux mêmes combats que les Égyptiens, à cette époque-là du moins.

Les soldats montent sur des bateaux. Or, ils n'auront pas à faire la guerre en mer. Il est donc vraisemblable qu'ils n'ont pas emprunté des navires de guerre munis d'éperons et de grappins d'abordage, mais qu'ils ont plutôt pris place sur des bateaux arrondis, pontés, larges et lourds, destinés au transport du grain. Sur ces bateaux, qui avancent à la voile, « on jouait de la flûte et on dansait sans contrainte avec la plus grande licence », affirme Strabon.

Les voici pris au milieu du trafic incessant autant qu'impressionnant, qui relie Rome à sa colonie, puisqu'il s'avère moins long de faire venir le blé par la mer depuis l'Égypte, que par la terre depuis l'Italie du Sud, jusqu'à la capitale impériale.

Les naufrages existent. Mais dans l'ensemble, hommes, bêtes et grain arrivent à bon port. Les marins disposent de cartes difformes mais détaillées à l'extrême, puisque sur celles-ci figurent les mers, les voies romaines, les villes et même les auberges !

On replonge aisément dans l'ambiance en considérant l'*Itinéraire d'Antonin*, ou la table de Peutinger. Cette table, copie d'un original romain, doit son nom à un secrétaire du sénat d'Augsbourg qui le tenait de l'humaniste Conrad Celtes depuis 1508. Elle mesure 6 mètres 75 de long et 34 centimètres de large. On y voit le réseau routier de l'empire de la Bretagne jusqu'à l'Inde. C'est une projection déformée du terrain où les terres sont représentées en bandes horizontales séparées par les mers. Rivières et montagnes y figurent, des bâtiments symbolisent les villes. Plus que d'une carte, on peut parler de diagramme à l'usage du voyageur.

C'est l'un de ces documents qu'ont consulté les marins qui menèrent Maurice en Europe.

5

À l'assaut de l'Europe

Le Sud de l'Europe en plein été. Le port d'Imperia, quoique plus petit que celui d'Alexandrie, bourdonne comme une ruche. Des clameurs accompagnent le chargement et le déchargement des bateaux. Ici, un subrécargue fait le compte des sacs de blé fraîchement arrivés ; là, des adolescents aident aux menus transports. Des esclaves marchent tête baissée vers un destin inconnu. Chacun porte au cou une tablette indiquant sa nationalité et son état de santé. Ceux que l'on peut considérer comme comédiens, ou qui maîtrisent honorablement un métier, se vendront presque aussi cher que les plus jolies femmes captives. Des marchands de pastèques, de graines et de pois chiches frits jouent des coudes pour arriver jusqu'aux nouveaux venus.

La légion de Maurice se regroupe le plus rapidement possible, soulagée d'avoir retrouvé la terre ferme après l'inconfort de la traversée. Les hommes au teint mat ne s'attardent pas au port. Déjà le soleil baisse.

Un peu en dehors de la ville, un terrain sert de camp de transit aux troupes de passage. Là, Maurice donne ses ordres. Les chefs les dispensent à leurs subalternes. En quelques heures, les hommes sont retranchés dans leur cantonnement. Soldats, chevaux et tentes sont installés dans les règles de l'art quand on sonne l'extinction des feux. Une troupe en campagne doit se soumettre à une constante discipline pour rester efficace.

Dès le lendemain, le voyage se poursuit. Les guerriers ont coutume, dans les cas d'urgence, de parcourir 24 milles à pied par jour. Imperia se trouve en Ligurie, sur la côte ouest du golfe de Gênes, près de San Remo. La légion longe cette côte vers l'est jusqu'à Savone, puis remonte dans les terres jusqu'à Turin, en passant par Cevin et Mondovia. Hommes et bêtes traversent le Pô et rattrapent vers le nord-est son affluent, le Doire Balté, qu'ils suivent jusqu'à Aoste, nommée à l'époque Augusta Praetoria.

La traversée des Alpes ne peut se faire que par le col du Grand-Saint-Bernard, haut de 2 472 mètres. Ascension périlleuse. Il faut traverser le mont Joux, soit le Summus Poeninus. Les riverains du grand fleuve égyptien bordé de sables brûlants font l'expérience pénible de la neige, souffrent la morsure du froid. Les plus anciens ont déjà traversé des contrées aussi hostiles lors de campagnes précédentes, mais la légion s'est enrichie de nombreuses jeunes recrues lors de sa station à Thèbes. Ceux-ci, pourtant aguerris, découvrent avec horreur les pièges glacés de la montagne. Ces hommes portent habituellement sur la peau une tunique de laine qui leur descend un peu au-dessous du genou mais qui ne comporte pas de manches, jugées peu viriles. La cuirasse de cuir se portait alors juste au-dessus de cette tunique, c'est seulement durant les époques de décadence que les soldats enfilaient une chemise de lin entre la peau et la tunique ! De tout temps, en revanche, le Romain ou assimilé portait par-dessus son équipement de combat un *sagum*, cette draperie ouverte assez flottante, retenue à l'épaule par une boucle, qui lui sert de couverture la nuit et qu'il n'omet de porter que pendant le combat. Le *sagum* est de couleur rouille pour les soldats. Celui des généraux est semé d'or, d'écarlate ou de pourpre. Il s'appelle alors *chlamis* ou *paludamentum*. Chacun est en outre muni d'un manteau. Mais tout ceci ne suffit pas pour la traversée des Alpes.

Une progression pénible et lente s'amorce, par une route étroite et mal tracée qui se faufile entre deux parois, contourne des aiguilles, ondule au gré des détours naturels, se fraye un mince passage au milieu des neiges éternelles. Prise entre deux parois abruptes, la colonne piétine, aveuglée par le soleil qui se réfléchit sur la glace. Les chevaux effrayés sont menés à la bride dans les passages les plus difficiles. Peu de voies romaines manquent à ce point de confort !

Outre le caractère impraticable, les soldats craignent aussi l'assaut de barbares auxquels ils offriraient une proie facile. Ils savent que la route en est infestée. Des colonies de maraudeurs peuplent les montagnes, en connaissent toutes les cachettes, ne vivent que de la rapine.

En effet, d'un sentier dissimulé qui surplombe le chemin, une horde se précipite soudain sur le milieu du cortège. Ils suivaient les Égyptiens depuis des kilomètres, ils ont laissé passer l'avant-garde et attaquent les suivants. Immédiatement, les derniers stoppent leur progression tandis que les premiers reviennent sur leurs pas. Considérant finalement le nombre et l'efficacité des étrangers, les barbares se sauvent vite dans leurs retranchements, quittant le défilé tels des bouquetins effarouchés. Un cheval hennit en glissant dans le vide ; un autre boite. Plus de peur que de mal. On repart plus angoissé encore que quelques heures plus tôt, plus attentif aussi au moindre bruit. L'avant-garde traque le moindre signe de présence humaine dans les rochers.

Pour se protéger contre la réflexion de la neige qui commence à handicaper leurs yeux, les soldats reprennent un vieux principe utilisé avant eux par les hommes d'Hannibal. Ils se nouent autour de la tête, une lanière de tissu de couleur sombre.

À mesure que les jours passent, leurs mains se couvrent de crevasses. Ils arrivent à réchauffer leurs pieds au cours des marches diurnes, mais, la nuit, nombreux sont ceux qui ne trouvent pas le sommeil, leur épais manteau ne suffisant pas à lutter contre le froid qui les maintient éveillés.

Les campements ne sont pas faciles à installer. Il

y a rarement place pour plus de cinquante hommes sur les rares replats. D'où une dispersion des bivouacs, et une inquiétude constante de la part des guetteurs. Les hommes ne progressent plus en carré, forme de marche qui les galvanisait dans les sables chauds du désert.

Après le passage du col du mont Joux, ils descendent vers Octodurum et retrouvent des altitudes plus clémentes. Là, le soleil estival reprend ses droits et le moral revient aux soldats. Ils ne tardent pas à apercevoir la ville. Octodurum est l'ancien nom de la ville de Martigny dans l'actuel Valais suisse. Un camp romain s'y trouve, solide, d'une architecture identique à celle de tous les autres camps de l'Empire. La troupe s'arrête à sa porte, tandis que Maurice et ses officiers, pénétrant à l'intérieur de l'enceinte, avisent les vélites.

— Ave !

Mais il n'y a pas de place pour tant d'hommes. Maurice va devoir mener ses hommes un peu plus loin, jusqu'à Agaune.

— Et les ordres ?

— Un voltigeur les transmettra.

La troupe repart, long ruban exténué. Sans déplaisir, elle débouche à Acaunus, nom ancien d'Agaune, où des pâturages peuvent accueillir les hommes. La légion thébaine s'installe ainsi à vingt-quatre kilomètres d'Octodurum. La fin de l'été est proche. Des centaines d'hommes, ivres de fatigue, se hâtent de dresser leur bivouac, sans savoir qu'il s'agit de leur dernier.

6

Les Égyptiens à Agaune

Agaune. Le nom vient d'un mot celtique signifiant la montagne rocheuse et pointue. Maurice et ses hommes se familiarisent avec ce lieu stratégique qui a quelque chose d'inquiétant, une grandeur qui dépasse l'homme. Pour le décrire, on peut parler d'une langue de terre bordée par le Rhône et coupée net par une vigoureuse muraille de pierre, haute de plusieurs dizaines de mètres.

Les hommes qui songent passer d'ouest en est, que ce soit pour des raisons guerrières ou à des fins commerciales, traversent immanquablement les Alpes par cet endroit. Il y a même un péage que les Romains tiennent implacablement. Chacun paie son tribut aux autorités locales, même ces habiles Orientaux qui se rendent aux établissements de la mer Noire et de la mer Caspienne pour se réapprovisionner en soie, en éponges, en perles et en encens. Agaune est considéré comme le dernier passage civilisé avant l'inconnu. On y fait des sacrifices à Jupiter-Poenin, nom local du Jupiter, pour connaître un voyage heureux. On boit l'eau d'une source dédiée aux nymphes. Tous ces gestes sont censés préserver les voyageurs, car après les Alpes, les terres deviennent propriété des barbares. Des Nantuates vivent aux alentours, éleveurs, fabricants de fromages.

Enfin, il y a les Bagaudes, régulièrement en insurrection contre les Romains. Le nom de ce peuple se rapporte à un mot celtique *bagad* qui signifie troupe. Ces hommes vivent à quelques kilomètres d'Agaune, un peu en dessous du lac Léman. La présence assez stable au cours du siècle de ce peuple dans le Valais a donné lieu à un malentendu. Ils se sont déjà manifestés en 286 puis en 295 contre les Romains. Ce qui explique qu'on ait parfois dit que l'histoire de Maurice avait eu lieu lors de l'insurrection de 286. C'est faux. Maurice participe à la bataille suivante, celle de 302.

Pour une fois, les Bagaudes ne sont pas les agresseurs. Ils ne se soulèvent pas contre les Romains mais se contentent de refuser les impôts que l'on prétend lever sur leur petite économie.

Il s'agit d'une révolte endémique. Mais cette fois les Romains décident de riposter avec force pour l'exemple. Ils espèrent qu'une victoire sur les Bagaudes mal armés tiédira le vent de rébellion qui déjà se manifeste dans les vallées de la Seine et de la Marne. Dès 257 ils ont dû lutter pied à pied pour reprendre un terrain contesté par des colonies jusque-là soumises. Cette redite de l'histoire les agace et leur donne des raisons de craindre le pire pour les années à venir si les hordes de barbares se mettent à imiter les populations relativement dociles.

D'où une véritable logique de guerre de la part de

Maximien, pour venir à bout de la petite insurrection. Les Romains, pour parer à toutes les révoltes conjointes, sont obligés de se battre avec moins d'hommes qu'aux temps glorieux. De plus, Maximien sait qu'il se rendrait impopulaire en lançant contre des peuples bien établis, des troupes prélevées sur les hommes du cru. Envoyer les dernières recrues massacrer leurs concitoyens aurait eu des conséquences dramatiques. D'où un chassé-croisé de grande ampleur entre les troupes. Les guerriers basés en Europe se battent contre d'authentiques barbares, tandis que l'on n'hésite pas à faire franchir des milliers de kilomètres à des Égyptiens pour venir remettre de l'ordre dans le Valais.

Pour contrer les Bagaudes, pauvres paysans insurgés des montagnes, plusieurs cohortes arrivent donc des confins de l'Empire. Les hommes à la peau exotique bénéficient de peu de données sur les troupes adverses. On leur indique simplement que le combat à livrer ne sera pas d'une ampleur mémorable du point de vue des effectifs engagés.

On est loin des déploiements historiques... faute de pouvoir le faire. On n'en cherche pas moins l'exploit qui fera date, la preuve de puissance dont on parlera dans les régions les plus reculées de l'Empire.

Un changement de tactique dicté par les événements. À mesure que les saisons passent, les chefs romains doivent admettre que le danger, parfois différé mais jamais totalement éloigné, réside dans la possibilité de leur disparition au profit de barbares sans scrupules.

On craint sans cesse l'assaut-surprise de hordes venues de partout. L'Europe est devenue terre à prendre. Les derniers maîtres de l'Empire doivent la disputer parcelle après parcelle à des hommes rudes et avides.

Les groupes les mieux organisés convoitent Rome pour établir leur capitale. Rêve de puissance suprême. Les Romains, au temps de Maurice, ne sont qu'au début de leurs difficultés.

Pour encourager la résistance, ils se voient obligés de nommer chefs les valeureux gaulois qui défendent leur possession au nom de l'Empire. Postumus puis Tetricius repoussent, avec l'aide des Francs, les Germains et d'autres pirates. Mais il y aura encore près d'un siècle de combats terribles avant que les attaquants ne soient en quelque sorte absorbés par l'Europe, acceptant de déposer les armes, de se mettre aux langues des autochtones et à des mœurs plus acceptables.

Rien à faire pourtant contre les Huns dirigés par Attila, ces « fléaux de Dieu » dotés d'une organisation interne très évoluée qu'ils ne souhaitent pas abandonner. Les Romains craignent plus que tout au monde ce peuple nomade et fier de l'être, auquel on prête les mœurs les plus abominables. On prétend qu'ils se tailladent les joues, ajoutant de cette façon à leur laideur congénitale, et qu'ils modèlent le crâne de leurs enfants dans le sens de la longueur, les êtres dolichocéphales convenant à leurs critères de beauté. On dit encore que les Huns dévorent encore fumant le cœur de leurs ennemis.

En comparaison, affronter les Bagaudes relève de l'incident. Les Romains sont presque assurés de l'issue du combat. L'empereur prépare minutieusement la victoire, autant que la bataille, dont son prestige personnel de chef de guerre ne saurait se dispenser.

Si beaucoup de peuples ont des mœurs de sauvages et des habitudes de rapines, les Bagaudes sont les moins remuants d'entre eux et présentent l'avantage, que les Romains ne comprennent pas assez, d'être chrétiens. Ils semblent moins sanguinaires que d'autres. Colonies établies, avec une économie sommaire, habitants des montagnes lassés de se voir ruinés par le fisc romain, rien de plus méchant.

Sans être d'un pacifisme et d'un élan missionnaire démesurés, les Bagaudes affichent nettement leur chrétienté. Ce dernier point ravit Maximien. Ennemi personnel du catholicisme des origines, il se fait un plaisir de lancer ses troupes contre des chrétiens.

7

Un chef de guerre qui se prend pour un dieu

Maximien est arrivé sans doute en septembre à Octodurum. Là, il établit son quartier général. Sa présence dans le campement donne lieu à toutes sortes de marques de respect. De grandes fêtes vont précéder le combat, dans ces jours qui sont aussi des jours de repos, indispensables aux soldats après la rudesse de la traversée des Alpes. Musiques, jeux, parades militaires... Maximien sera au centre des réjouissances classiques, auxquelles son orgueil ajoute l'hommage immodéré rendu au chef de camp. Il entend que les soldats jurent par le génie de l'empereur et par les drapeaux de la légion.

Maximien se considère comme un demi-dieu. Il aimerait pouvoir se vanter de la même ascendance que l'un de ses prédécesseurs, Aurélien, qui était fils d'une prêtresse du Soleil à Sirmium nommée Romula. Il est de naissance moins mythique, mais il lui reste la possibilité d'imiter son modèle dans la persécution acharnée des chrétiens.

Dioclétien, dans les années 300 à 302, accablait d'humiliations tous les hommes de son palais qui se disaient chrétiens, au motif que ces hommes blâmaient les rites magiques pratiqués par sa mère. Maximien se montrera, lui, aussi sanguinaire envers les chrétiens. Il les tuera comme il tuerait n'importe qui. La vie humaine, hormis la sienne, n'a pas grande importance.

Dans l'effervescence, les hommes se préparent à la fête. Devant chaque tente, que ce soit celle du consul, celles des troupes d'élite, des officiers, des légionnaires d'infanterie ou des cavaliers, les soldats astiquent leur casque de bronze, leur cuirasse rigide et leur épée courte. On nettoie les allées, on fleurit sommairement la tente qui renferme le trésor, on ajuste les drapés. Les troupes défilent au pas romain dans les allées du camp d'Octodurum, pour préparer la parade qui doit être irréprochable.

En attendant, l'empereur réunit son état-major. Il se montre satisfait de la tournure que prennent les événements. L'arrivée des Romains en renfort dans la région a suffi à affoler les habitants des montagnes. Décidément, la campagne promet d'être facile. Il faut entamer les hostilités au plus vite pour profiter des derniers mois favorables avant l'hiver qui immobilisera les hommes dans la montagne.

Très occupé à la préparation de la guerre, Maximien n'a pas négligé celle des cérémonies religieuses qui se doivent, chez les Romains, d'ouvrir une campagne. Qui se lancerait dans un combat sans s'attirer la faveur des dieux ? De plus, c'est l'occasion rêvée, pour cet homme vaniteux, d'enfiler son vêtement des grands jours : sa robe de Pontifex Maximus. Ces jours-là il est associé largement à l'hommage rendu aux dieux...

Les hommes, prévenus de l'ampleur du dispositif, ont préparé l'autel situé à l'exact milieu du camp disposé en carré. Les prêtres, flamines et aruspices l'ont garni comme il convient. Il servira au sacrifice rituel et au serment, juste avant le combat, le lendemain de la parade.

Une fois que tout est prêt, les réjouissances non religieuses commencent. La parade se déroule selon les instructions données. Maximien ne se contente pas d'un défilé d'officiers comme les impératifs de service l'exigent parfois. Il veut voir l'intégralité des troupes. Les hommes de guerre respectent le protocole, s'inclinent...

Les uns après les autres, ils passent devant Maximien gonflé d'orgueil, hilare.

Le dernier carré humain s'éloigne. Maximien se tourne vers son « lieutenant » :

— Où sont ces Thébains que j'attendais ? Ne sont-ils pas arrivés ?

— Si, ils campent à Agaune, le long du Rhône.

Maximien veut connaître la raison de cette absence. Quand on lui avoue que la légion thébaine, dirigée par un certain Maurice, n'a pas voulu participer aux fêtes à cause de leur caractère païen, quand on ajoute que les soldats ont été très blessés d'apprendre qu'on leur demanderait de lutter contre des chrétiens s'avouant eux-mêmes chrétiens, il devient fou de rage.

Cette audace n'est pas dans l'air du temps. Les Romains se montraient par tradition très attachés au protocole, davantage encore dans le contexte militaire que dans les cérémonies publiques. Ne pas le respecter équivaut à être considéré comme un mauvais citoyen.

Depuis maintenant des siècles, le Romain prouvait son attachement au régime en vénérant ses ancêtres. S'y refuser, même à l'aube du IVe siècle, n'est pas envisageable pour un soldat.

Les premiers chrétiens avaient souvent refusé de participer aux cérémonies publiques, et de rendre aux empereurs successifs les hommages qu'ils prétendaient leur être dus. Certains refusaient même de servir dans les magistratures. Qu'il se trouve des personnages de ce genre dans les rangs de l'armée fait mauvais genre. Qu'ils se manifestent ouvertement pouvait dégénérer en une véritable mutinerie affectant tout le camp.

Maurice instaure sûrement une rébellion d'un genre nouveau : servir l'Empire tout en refusant de se plier à sa religion périmée et incompatible avec le rite chrétien.

En quoi consistent les cérémonies auxquelles on veut associer Maurice ? En un reniement de la foi chrétienne puisqu'il s'agit d'un sacrifice aux divinités païennes. On s'attire de la sorte les faveurs de Jupiter Poenin, gardien du col du mont Joux. La victoire, dit-on, en découle. Ce cérémonial, prescrit par les lois des décemvirs et dans les livres de la Sibylle est incontournable pour les soldats.

Mais il y a plus, dans le contexte d'un combat décidé par Maximien. Les militaires connaissent bien son tempérament, ils savent qu'ils auront à prêter un double serment : à l'Empire, et à l'empereur. Or, prêter serment à Maximien, c'est s'engager à ne pas pactiser avec l'ennemi et aussi promettre de contribuer à écraser les chrétiens jusqu'au dernier. Serment inacceptable pour Maurice et ses compagnons.

L'audace des Égyptiens frappe Maximien en plein cœur. Pourtant, nul chef ne se risquerait à se séparer de ses soldats d'élite à la veille d'un combat. Les Égyptiens appartiennent à ce que l'on appelle « La Victorieuse ». Ils ont toujours tiré Maximien d'affaire dans sa folie des grandeurs. En 293, ils ont combattu les Quinquégentiens, habitants de la Mauritanie césarienne entre Saldis et Rusucurru. En 295, ils ont été victorieux des Carpes, en Italie.

À cette occasion, les soldats de la légion eurent, dit-on, un contact direct avec « le roi des catacombes », le pape Marcellin. Ils furent impressionnés par ce vieillard pacifique, stigmatisé, continuant de se faire ambassadeur des apôtres de Galilée, en dépit de l'âge et des dangers encourus...

Maximien, après un mouvement d'humeur, se radoucit en songeant à son intérêt personnel et propose un délai. Si Maurice, Candide, Exupère et tous les autres participent normalement à la revue des troupes du lendemain matin, tout sera oublié.

À l'autre bout du camp, les chrétiens ne se décident pas à capituler. Ils sont au courant des quatre édits de Dioclétien et ne les admettent pas. De plus, ils n'iront pas massacrer leurs frères dans le Christ.

Ils ont sans doute appris la nature du combat qu'ils auraient à livrer en arrivant dans le Valais, et cette donnée change leur état d'esprit. À qui doivent-ils donc obéir, à leur chef militaire mortel, ou au dieu immortel ?

Une subtilité qui n'entre pas dans l'entendement de Maximien.

La haine antichrétienne de ce chef colérique n'est pas une affaire personnelle : citons les textes d'époque rédigés pour mettre un terme au développement du christianisme. Ils font état d'une tendance qui dépasse la décision d'un chef.

À l'époque où Maurice, le soldat qui a fait ses preuves, se redresse, on est à la veille de la publication de quatre édits qui méritent d'être décrits pour montrer que la chrétienté est loin d'être une affaire admise.

Le premier de ces édits ordonnera, en février 303, de raser les églises et de jeter au feu les livres saints qui s'y trouveront. Les chrétiens de rang social élevé se verront déchus de leurs dignités. Le second édit (mars 303) ordonnera de jeter en prison tous les chefs des Églises. Le troisième ordonnera de les forcer à sacrifier, au besoin « au prix de mille supplices » ; ceux qui obtempéreront en cours de route seront libérés. Le quatrième édit (printemps 304) réclamera une dernière fois à tous les chrétiens de sacrifier.

En Gaule et en Bretagne, seul le premier édit sera respecté. En revanche, l'auguste Maximien, qui sera responsable à la fois de l'Espagne, de l'Italie et de l'Afrique du Nord, décidera de tout appliquer avec une grande rigueur.

Maurice est bien placé pour savoir que de nombreux clercs de sa région ont été sacrifiés pour avoir refusé de remettre les écritures saintes aux autorités. En Égypte, les communautés chrétiennes s'étaient embrasées sous ses yeux dans un climat de guerre civile et les chrétiens étaient tombés, publiquement, par centaines.

Un climat que Maurice et ses compagnons ne redoutent pas. Envers et contre tout, ils choisissent de réaffirmer leur foi.

D'un commun accord, Maurice et tous ses compagnons, sans exception, décident de s'entêter en refusant d'annoncer leur présence au défilé du lendemain. Le messager apporte en tremblant leur décision à l'empereur. Maximien ne peut admettre cette désobéissance sans perdre la face vis-à-vis des autres légions. L'homme, prompt à la colère, sanctionne sans tarder la rébellion. Il fait appeler un officier de confiance :

— Va au camp des Thébains avec trois cents hommes et décime-les. Que les autres ne manquent pas au sacrifice demain. Voici mes ordres.

L'ordre est exécuté le soir même. On décapite un homme sur dix. La pratique de la décimation est un châtiment collectif très ancien et très courant dans les armées romaines. Auguste infligeait cette peine aux lâches, aux traîtres, aux déserteurs. En 283, Appius Claudius décima ses troupes engagées contre les Volsques, alors qu'elles refusaient de combattre. Cette peine d'exemple ramenait en général le reste des hommes à la raison.

Ce n'est pas le cas des Thébains. Ils subissent la décimation sans mot dire et les bourreaux repartent avec le même message : les Thébains ne participeront pas au sacrifice, ils ne prêteront pas leur double serment, ils ne partiront pas à l'assaut de leurs frères dans le Christ. Soldats de Dieu au service de l'Église et soldats de l'empereur au service de l'Empire : les deux ne sont pas incompatibles si l'autorité humaine reste une part de l'autorité divine. Maurice a le devoir de désobéir puisque l'empereur s'octroie la part de Dieu.

Maximien, au comble de l'exaspération, ordonne une seconde décimation. Il sait qu'il est en train de sacrifier ses meilleurs guerriers et sa rage n'en est que plus sauvage. Cet homme hait les chrétiens mais la cause de l'insoumission thébaine lui importe peu. Il châtie la désobéissance. Tout ce qui lui désobéit doit mourir.

Maximien va se coucher, après avoir réitéré son ordre. Tous les hommes du campement doivent être présents à Martiny pour le sacrifice prévu, le lendemain. Sans doute est-il persuadé avoir gagné l'épreuve de force, sans doute pense-t-il avoir donné l'image d'un chef de guerre fort. Il songe peut-être que les légionnaires de la thébaine vont aimer assez la vie pour faire au moins un compromis, ravaler leur foi le temps d'un jour de fête, puisqu'il fait le premier pas en conservant la vie sauve à la majorité d'entre eux, s'ils sacrifient sur des autels qui ne sont pas les leurs, juste une fois.

C'est compter sans la détermination des saints. Les saints ne font jamais dans la demi-mesure. Saint Benoît de Nursie démolira un temple dédié à Jupiter dès son arrivée sur le mont Cassin.

En Hongrie, au Xe siècle, le duc Geiza, chef des Magyars descendants des Huns, prétendra une fois baptisé « être assez riche » pour sacrifier à l'ancienne et à la nouvelle religion. Son fils le roi Étienne Ier sera catholique à 100 %. Ce dernier est canonisé, son père non.

8

Détermination

Le soleil disparaît derrière la muraille minérale. Au camp d'Agaune, les rescapés enterrent les morts. Les soldats savent que l'empereur ira jusqu'au bout de sa décision, mais leur détermination à eux est plus forte encore. Décidément non, ils ne peuvent tolérer la parade qu'on exige d'eux le lendemain. Ils ont appris qu'outre les sacrifices et les serments classiques, l'empereur souhaitait voir ses officiers porter des enseignes à l'effigie des divinités. Il leur faudrait encore admettre sans murmure le verdict des augures, plutôt que d'attendre la preuve de la victoire par les armes. La décision de Maurice et de tous les hommes de la légion encore en vie s'affirme, irrévocable.

Ambiance particulière. Plus que jamais, les centurions font régner l'ordre. Dans une discipline parfaite, chacun, pour une fois, doit faire un choix personnel. Il ne s'agit plus, dans un domaine aussi grave, d'obéir à des ordres, de s'en remettre à des décisions d'officiers. Un soldat a le devoir de mourir s'il le faut. Mais cette mort-là, chacun doit la choisir individuellement. Maurice le sait, qui s'adresse directement à ses troupes et les laisse libres de ne pas le suivre. Mais pas un ne faillit.

Dans l'hypothèse où aucun n'accepte de sacrifier aux dieux païens et d'aller combattre d'autres chrétiens, il reste un autre choix à faire : fuir, se battre, ou se rendre.

Tous se mettent à prier, n'ayant plus besoin de repos, oublieux de tout avant une journée militaire. Avec les mots que l'on répétait dans les catacombes romaines, ils se sont préparés à mourir. Sans autel, sans encens, sans fleurs, ils prient, s'offrant sans partage au Dieu miséricordieux.

À Rome, pendant tous les siècles de persécution, tandis que les Romains, sans se douter de rien, dormaient, les chrétiens priaient, pour eux-mêmes, pour leurs morts et pour la conversion de leurs concitoyens. Maurice et ses hommes font exactement la même chose. Ils prient pour eux s'ils sont amenés à mourir, pour ceux qui ont déjà versé leur sang et qu'ils sont autorisés à vénérer comme martyrs, pour la conversion de Maximien

Rarement un combat romain a dû s'accompagner d'une telle tension, d'événements aussi sérieux, internes et sans solution. Les feux ne s'éteindront pas ce soir-là. Sous chaque tente, on discute. Les hagiographes se sont plu à imaginer une troupe unanime, suivant Maurice d'un même pas vers le sacrifice. La chose peut avoir été moins simple. Comment imaginer que ces rudes guerriers, les meilleurs de l'Empire, capables de tailler en pièces l'armée ennemie la plus redoutable, entraînés pour se battre, aient accepté d'emblée l'idée de mourir sans résister un instant ? Certains devaient bien avoir envie de venger leurs frères décimés. Cela n'enlève rien à leur héroïsme de penser qu'ils ont d'abord réagi en hommes avant d'agir en saints.

Leur dernier combat est intérieur. À chaque soldat d'accepter ou non le martyr. Leur sacrifice réside en premier lieu dans leur choix.

Dans la tente du commandant, Maurice a réuni Exupère, Candide et quelques autres. Leur décision est fermement prise. Mais entraîner plusieurs centaines de personnes avec eux dans la mort demande une réflexion plus approfondie.

Comment comprendre, d'un point de vue purement humain, qu'un chef de guerre valeureux, à la tête d'une troupe plusieurs fois victorieuse, soit assez fou pour mourir en entraînant à sa suite ses hommes, seulement parce qu'il refuse d'exécuter un acte courant de la vie romaine et militaire : sacrifier aux dieux, se battre contre les barbares ? Ils acceptent leur mort en chrétiens, si leur vie de soldat doit s'opposer aux promesses de leur baptême.

Maurice et ses légionnaires, en désobéissant à l'empereur, obéissent à Dieu et à ses commandements. Ils subordonnent l'ordre humain à l'ordre divin, ils établissent une hiérarchie où Dieu passe avant l'empereur, où les obligations du chrétien passent avant le devoir du soldat.

Mais la désobéissance serait-elle une vertu chrétienne à défaut d'être une vertu militaire ? « Ce sont les ordres auxquels on désobéit qui rendent célèbre », aimait à dire le général MacArthur ! Sans cette désobéissance, personne, l'Histoire peut-être, mais certainement pas l'Église, n'aurait retenu leur nom.

La discussion des chefs est animée, tandis que Maurice se tait, à l'écoute de chacun. Exupère et la plupart des jeunes officiers pleins de fougue se montrent décidés à recevoir les envoyés de l'empereur les armes à la main, à venger leurs frères et à mourir pour Dieu. Candide est plus sage et plus réfléchi. Pour lui, la violence n'est pas la réponse chrétienne à la violence. Maurice prend enfin la parole. Que dit-il ?

Henri Géhon, dans la pièce de théâtre intitulée *Saint Maurice ou l'obéissance*, a merveilleusement bien imaginé ce qui a pu être dit au cours de ce conseil de guerre inhabituel, la dernière veillée d'armes d'une armée entière. Citons-le :

« Heureux le soldat qui marche au danger le sentiment de son droit dans le cœur, les ordres de son chef en tête, le glaive au poing, libre de déployer sa force et n'ayant rien à dompter en lui que la peur. Heureux celui qui subit la violence dans le combat de la part de ceux qu'il affronte, et qui, recevant d'eux souffrance et mort, n'a pas à faire taire en lui l'instinct de défense, mais leur rend les coups qui lui sont portés. Heureux qui a fait don de son sang et peut verser celui de l'ennemi pour la justice. Mais malheureux celui qui tirera l'épée contre son frère, que celui-ci soit ou non chrétien. Écoutez-moi, soldat : un chrétien, soldat de l'Empire, sera deux fois soldat et deux fois fidèle à l'Empire, car il aura deux fois le sentiment de son devoir par la nature et par la grâce du baptême. Il ne lèvera donc le fer contre aucun soldat de l'Empire, son frère d'armes, son compagnon. Et nous sommes tous compagnons, Gaulois, Thébains, Romains et Ibères dans le sein de l'Empire qui nous a nourris. Voilà la vérité. Si le chrétien n'est pas capable de mourir pour la vérité qui le sera ?

« Je ne vous demande pas de tendre l'autre joue, trop souvent le divin conseil a servi d'excuse aux cœurs lâches. Et ce n'est pas l'affaire des soldats, non ! Le Dieu du pardon est aussi celui des armées. S'il lui faut des hommes pour l'imiter, il lui faut des hommes pour le défendre. Chacun à sa place et à chacun son devoir. (...) En ma qualité de soldat, je prêche le devoir d'État, non le martyre. Je ne dis pas : tu tendras l'autre joue, mais : tu obéiras jusqu'à la mort. Est-ce mon droit ?

« Mes amis, mes enfants, je viens de manquer gravement au devoir d'obéissance et je vous ai entraînés dans ma faute, volontairement. Pour n'offenser point Dieu, le chef suprême, j'ai dû désobéir à mon chef direct, l'empereur. J'aurais voulu n'avoir à désobéir à personne. (...) L'empereur nous envoie la mort. Il est notre maître : recevons-la bien. »

Le discours du primicier impressionne l'assemblée, mais la cause est loin d'être entendue. Des protestations s'élèvent. Maurice les fait taire. Henri Géhon met encore en scène :

« N'osez-vous plus regarder la mort en face ? (...) Ou bien jugez-vous nécessaire de donner encore une preuve au monde de votre valeur au combat, après l'avoir couvert de l'Orient à l'Occident de la clameur de vos victoires ? Ces victoires enfin, les voulez-vous magnifier ou humilier, conclure ou effacer ? Mais qu'en restera-t-il dans la mémoire des siècles si elles s'achèvent en rébellion ? L'histoire, raturant tous vos fastes, mentionnera en deux mots l'équipée de cette légion qui, rentrant à Rome chargée de butin, n'ayant retenu de la guerre que des leçons d'indépendance, de pillage et de cruauté, tourna ses armes contre ses chefs, contre ses frères et périt d'un destin honteux. (...) Nous serons la légion rebelle, rien de plus, par qui coula le sang même de Rome. Le nôtre, répandu en vain, mêlé au sang de nos frères ennemis, ne sèmera que la révolte, la guerre civile, l'anarchie. Est-ce là ce que vous voulez ? (...) Non mes amis, notre sang versé sur le sol ne le fécondera que s'il s'écoule pur, comme l'eau sortant du glacier, non chargé de colère et de violence, non confondu avec le sang de nos bourreaux. (...) Et longtemps après, qui la grattera le retrouvera frais et vermeil et nourrissant la paix des jeunes herbes. À la place du charnier de guerre civile que votre révolte prépare, ce sera l'ossuaire sacré d'une légion de martyrs, et à tous ceux qui descendront et remonteront cette route, il dira exemplairement : “Ici reposent des soldats chrétiens. Ils avaient fait leurs preuves en tous pays contre les hordes les plus redoutables. Ils possédaient la force pour défendre leur vie très injustement menacée. Mais César commandait, ils se sont eux-mêmes vaincus. Ils sont maintenant devant Dieu, et leur exemple a converti la terre. Salue, passant, et apprends d'eux la fidélité chrétienne au devoir."

« Maintenant, ayant dit ce que je crois juste, je m'efface, soldats. J'ai désobéi à mon chef, vous êtes libres de désobéir au vôtre. Il n'a plus le droit de rien exiger. (...) Je vous regretterai, soldats, j'ai mené avec vous tant de belles batailles ! Mais ce glaive ne doit plus verser le sang. Il peut encore vous conduire au supplice... Sinon, je le dépose avec mon commandement. Décidez. »

Un à un les hommes se lèvent. Ils ont choisi, Maurice sera leur commandant jusqu'au bout. Ils rédigent le texte qui l'annonce. D'une main ferme, Maurice signe leur refus à l'empereur. Il signe leur arrêt de mort.

Le garde porte le message. Maximien, en le lisant au petit matin, ne se contient plus. Il préfère se priver d'armée que de soutenir l'offense de n'être pas obéi par ses propres soldats. Il ordonne que la légion soit massacrée jusqu'au dernier dès le matin.

— Qu'il n'en reste aucun, dit-il seulement.

Les soldats apprennent la décision. La nuit n'est pas terminée. Maurice et les siens vont livrer un dernier combat contre eux-mêmes en s'interdisant de fuir ou de préparer les armes pour accueillir les bourreaux.

Leur situation géographique leur permet tout au plus d'éviter les arènes. « Les chrétiens aux lions ! », criait-on à travers tout l'Empire. Il n'y avait pas de lions dans le Valais ; ceux-là seront décapités.

9

Décapitation générale

22 septembre 302. Dès le petit matin, les envoyés de Maximien pénètrent armés dans le camp des Thébains. L'orgueil de Maximien s'avère plus fort que tout. En apprenant l'entêtement des Égyptiens, il préfère se priver de ses meilleurs hommes, ceux qui appartiennent à son escorte personnelle, en dépit de la situation délicate dans laquelle se trouvent ses terres.

Les exécuteurs s'avancent. Leurs officiers, devant, à cheval, les mènent comme à la bataille. Maximien les a choisis parmi ses hommes de confiance, il sait qu'ils ne répugneront pas à tuer ces frères d'armes d'un genre à part : « Ils sont chrétiens, ce sont les renégats de l'Empire, ils ont provoqué la colère de l'empereur, à eux d'en subir les effets. »

La détermination du peloton exterminateur fait place à l'étonnement. Ils s'attendaient à devoir faire preuve de force pour maîtriser les condamnés. Le spectacle qu'ils découvrent les remplit malgré eux d'admiration. Sur le forum, devant les tentes des officiers, les troupes sont rassemblées dans un ordre parfait. Aucun ne porte plus ni ses armes ni son bouclier, s'absorbant dans la prière. Les officiers ont même passé leur tenue d'apparat.

Maurice porte l'aigrette blanche sur son casque et une chlamyde pourpre retenue sur l'épaule par le laticlave. Candide et Exupère ont une chlamyde blanche et l'aigrette rouge.

Têtes nues sous le soleil, les légionnaires attendent, étrangement calmes. Les soldats s'approchent de la légion rebelle. Ils ne comprennent rien. Sans armes, il se dégage d'eux une force étonnante.

Leur révolte n'est pas militaire. Ils n'useront pas de leurs armes pour faire reconnaître leur dieu. C'est ce qui transforme leur mort de simple exécution disciplinaire en martyre.

Le moment de stupeur bientôt rompu, quelques ordres brefs donnent le signal du massacre. Les bourreaux s'encouragent en jetant des cris de haine, tandis que le tranchant rougi de leurs épées s'abat sur les nuques brunes. Les Thébains s'exhortent les uns les autres afin de ne pas faiblir.

Pour collective que soit l'épreuve, on est toujours seul devant la mort. L'un hurle sous un coup mal assuré, un autre supplie. Un instant, le Romain hésite, arrête son geste de mort, mais les ordres sont formels : aucune pitié pour ces traîtres.

Les bourreaux poursuivent leur tâche, stupéfaits de voir certaines de leurs victimes tomber en chantant un hymne aux accents inconnus.

Selon la tradition, l'ordre est respecté. Les militaires les moins gradés sont exécutés les premiers, puis l'on remonte dans la hiérarchie. Maurice, Exupère et Candide savent qu'ils tomberont les derniers. Ils mettent ce temps à profit. Ils arpentent les colonnes, pour animer l'ardeur des soldats encore en vie. Les corps jonchent bientôt l'herbe grasse de la petite plaine de Verroliez.

Les chants s'amenuisent enfin, faute de voix et non faute d'ardeur. Bientôt, seuls Maurice et ses deux officiers restent debout. Maurice ouvre la bouche :

— Le sang de nos frères appelle le nôtre.

Les trois hommes s'agenouillent dans l'herbe et subissent le martyre en priant.

Le soldat s'approche du primicier. Avec un sourire mauvais aux lèvres, sa main décroche les attributs du chef de l'épaule de Maurice et les brandit :

— Servez-vous, les gars !

Les hommes n'attendaient que ce signal, ils se ruent sur les corps et vers les tentes où les maigres richesses des Orientaux sont disputées à la courte paille. On récupère les chevaux mais les corps restent sur place.

Les bourreaux quittent l'endroit. On ne songe pas longtemps à ces hommes à la peau brune, dont la vie s'est achevée sans le moindre combat.

Le soleil se couche sur un champ de morts. Un linceul d'ombre les recouvre.

Le lendemain, une aube smaragdine et avare répand sa lumière en pâles rayons à travers la plaine. Il n'y a plus âme qui vive. Seulement des corps sans têtes et des têtes sans corps éparpillés sur l'herbe. Des corps jeunes et pleins de vigueur où la vie, les quittant comme à regret, semble s'attarder encore un peu : peau cuivrée, muscle d'athlète, drapé d'une tunique sur une main crispée dans un geste qui n'en finit pas, cheveux ondulant au vent.

Les couleurs du ciel et de la terre se mêlent jusqu'à se confondre. L'horreur a fait place à la paix, instant de grâce où les cieux semblent ouverts sur le champ des martyrs, la terre s'abreuve de sang, tandis que le ciel accueille les âmes.

Quelques heures plus tard, des soldats fidèles à l'ordre romain surviennent. L'odeur est déjà insoutenable. Le soleil a entamé les chairs, séché le sang, grillé les peaux. Les corbeaux ont crevé les yeux, les rapaces tournoient, prêts à fondre sur ces proies faciles... La mort a entamé son œuvre de pourriture. Un centurion se détourne, dégoûté. La voix d'un chef s'élève :

— Enterrez-moi tout ça.

Tandis que les hommes commencent à creuser, un nouvel arrivant les interrompt. Il s'appelle Victor. Vétéran d'Égypte, il a appris la présence des Thébains dans la région et a souhaité les rencontrer. Là où il pensait retrouver d'anciens compagnons d'armes, un étrange et macabre spectacle l'attend. Il s'approche des Romains :

— Hola ! Quel combat a-t-on livré ici ? Et où sont ceux qui restent ?

— Il n'en reste pas, ils sont tous morts. Bah ! C'étaient des chrétiens ! Ils n'avaient pas à défier l'empereur.

Victor comprend et insiste :

— J'ai été l'un des leurs, moi aussi, je suis chrétien.

Expéditif, un Romain se retourne et considère le nouveau venu :

— Alors, toi aussi, tu dois mourir !

Victor a la tête tranchée. La plaine féconde du Valais boit son sang, comme elle s'est abreuvée de celui des centaines de soldats sacrifiés.

À tous ces morts il convient d'ajouter un autre Victor, accompagné d'un soldat nommé Ursus, ou Ours. Ces deux soldats semblaient faire partie des Thébains et cueilleront les palmes du martyr peu de temps après, sur le site voisin de Soleure.

Leur cas reste inexpliqué. Se sont-ils enfuis pour échapper au massacre ? Rattrapaient-ils simplement le camp des Thébains après une quelconque mission ? Il est impossible de répondre.

Une fosse béante creusée au milieu du camp avale les corps des martyrs. Considérés comme renégats, ces morts ne méritent ni honneur ni gloire. Les mâchoires de terre se referment, la légion thébaine n'est plus qu'un amas de corps pourris. Comme eux, la chrétienté naissante doit s'éteindre comme un nouveau-né étouffé par une marâtre qui ne supporte ni sa beauté ni son innocence, ni la place qu'il occupe désormais dans la maison. En dépit de sanglantes persécutions, la chrétienté se répand à travers l'Empire. L'empereur veut être adulé, il ne peut supporter de rivaliser avec un dieu. Ce n'est pas une guerre de religion, le combat des dieux païens contre le dieu chrétien, c'est le péché d'orgueil d'un homme. L'affaire ne fait pas scandale chez les Romains. Après tout, ce n'étaient que des chrétiens.

10

Les progrès de la Chrétienté

À quoi a servi le martyre de Maurice à l'échelle de l'Empire ? Il a bien évidemment contribué à l'évolution de la situation religieuse en faveur de la tolérance pour les chrétiens.

Le récit du drame d'Agaune parvint à Thèbes, narré par des vétérans à des marchands qui prirent le relais et colportèrent jusque sur les bords du Nil la terrible nouvelle. La stupeur passée, la conviction des chrétiens du pays redoubla. L'armée dut enrôler des jeunes gens de force pour remplacer les disparus. Jamais plus Maximien ne serait respecté dans ces contrées.

En revanche, il fut, sans le vouloir, à l'origine de nombreuses conversions, tant il a été vérifié, depuis les débuts du christianisme, que rêver d'anéantir violemment la religion est la meilleure manière de créer une résistance forte, inébranlable. Plus on tente de la contenir, plus elle s'étend, car le sang des martyrs est semence de chrétienté.

De plus, Maximien le colérique est allé trop loin dans le culte de la personnalité. Il vénérait deux dieux au début de son règne : Jupiter et Hercule, traditionnels dieux de l'armée romaine. Son corégent Dioclétien s'étant approprié le nom de *Jovius*, ce qui revenait à se prendre pour le fils de Jupiter, Maximien, l'imitant, s'octroya le surnom d'*Herculius*, pour incarner la descendance d'Hercule. Du nom au culte, il n'y avait qu'un pas, que l'orgueilleux personnage s'empressa de franchir. Bientôt, il exigea tous les honneurs dus à un dieu, ne se contentant plus d'être associé au culte. Par sa démesure, il hâta la dislocation de l'ancienne religion. Et sa propre chute.

Trois ans après les événements d'Agaune, les Augustes Dioclétien et Maximien abdiquaient. Les peuples remuants de la Thébaïde, soucieux d'indépendance et indignés du sort infligé à Maurice et ses compagnons, ne regrettèrent pas les deux démissionnaires. Dioclétien et Maximien laissèrent place à Constance et Galère, eux-mêmes assistés des césars Sévère et Maximin Daïa. Ce dernier hérita bientôt de l'Orient tandis qu'en Occident, la paix se voyait compromise par la lutte qui opposait Maxence, fils de Maximien, à Constantin, fils de Constance.

Le 28 octobre 312, une bataille régla le sort de l'Empire en même temps que celui de la Chrétienté. Maxence y mourut. Constantin, victorieux, se convertit au catholicisme. Pour légendaire que soit cette conversion qui intervint, dit-on, à la faveur d'une vision, ce fait constitua une excellente chose pour l'Église qui entra dans une nouvelle ère : celle de la paix.

En février 313, l'édit de Milan sonna la fin générale des persécutions. À la même époque, Constantin écrivit une lettre au gouverneur de Bithynie Pline le Jeune pour lui exposer les nouvelles dispositions à appliquer dans sa région.

Cette lettre nous est rapportée par Lactance, un auteur chrétien, dans *De la mort des persécutions.* Nous y lisons :

« Moi, Constantin Auguste, ainsi que moi Licinius Auguste, réunis heureusement à Milan pour discuter de tous les problèmes relatifs à la sécurité et au bien public, nous avons cru devoir régler en tout premier lieu, entre autres dispositions de nature à assurer, selon nous, le bien de la majorité, celles sur lesquelles reposent le respect dû à la divinité, c'est-à-dire donner aux chrétiens comme à tous la liberté et la possibilité de suivre la religion de leur choix, afin que tout ce qu'il y a de divin au céleste séjour puisse être bienveillant et propice, à nous-même et à tous ceux qui se trouvent sous notre autorité.

« C'est pourquoi nous avons cru, dans un destin salutaire et très droit, devoir prendre la décision de ne refuser cette possibilité à quiconque, qu'il ait attaché son âme à la religion des chrétiens ou à celle qu'il croit lui convenir le mieux, afin que la divinité suprême, à qui nous rendons un hommage spontané, puisse nous témoigner en toutes choses sa faveur et sa bienveillance coutumières. Il convient donc que ton excellence sache que nous avons décidé, supprimant complètement les restrictions contenues dans les écrits envoyés antérieurement à tes services concernant le nom des chrétiens, d'abolir les stipulations qui nous paraissaient tout à fait malencontreuses et étrangères à notre mansuétude, et de permettre dorénavant à tous ceux qui ont la détermination d'observer la religion des chrétiens, de le faire librement et complètement, sans être inquiétés ni molestés. La même possibilité d'observer leur religion et leur culte est concédée aux autres citoyens ouvertement et librement, ainsi qu'il convient à notre époque de paix, afin que chacun ait la libre faculté de pratiquer le culte de son choix. »

Le 13 juin de la même année, Licinius, allié de Constantin, entra à Nicomédie, capitale de l'Orient, et proclama la tolérance à l'égard de la religion catholique. Les biens des chrétiens leur furent rendus sans aucune exigence d'indemnité.

En Occident, où régnait Constantin, les chrétiens vivaient déjà librement en Espagne, en Gaule et en Bretagne. La paix de l'Église commençait, permettant aux chrétiens de sortir des catacombes. Les petites communautés clandestines, ou juste tolérées, pouvaient dorénavant vivre au grand jour. Sur le plan politique, il resta encore pour Constantin à neutraliser Maximin Daïa dont la mansuétude à l'égard des chrétiens — il avait appliqué un temps avec mollesse l'édit de tolérance de Galère en 311 —, ne résista pas longtemps à la honte de la défaite de Maxence et à la jalousie de la gloire récente de Constantin et Licinius. Après avoir, en vain, tenté une percée contre l'Arménie, province chrétienne du roi Tiridate, il s'empoisonna. Les dernières persécutions furent le fait de Licinius, devenu rival de Constantin par jalousie. En 319, il interdit les conciles tout comme la reconstruction des églises démolies aux temps les plus durs, et évinça les chrétiens de l'armée comme du palais. Puis vinrent les édits de mort. On doit à Licinius les martyrs glacés de Sébaste : quarante chrétiens exposés aux rigueurs du froid sur un lac gelé, fait unique dans l'histoire des persécutions romaines, où l'on préférait brûler les gens plutôt que de les congeler !

La victoire de Constantin sur Licinius à Andrinople, en 323, marqua la fin réelle des persécutions, en même temps que celle du dernier persécuteur.

Le temps des exécutions massives est révolu. Mais le sacrifice de la foule des martyrs n'aura pas été vain. Leur résistance a aplani le chemin que va emprunter la foi et permis au monde d'entrer dans une nouvelle phase de son histoire. Les chrétiens restent la proie, à titre individuel, des derniers sorciers épris d'incantations païennes mais, de décrets impériaux en édits de tolérance, ils ont désormais leur place à tenir dans le royaume neuf. Le repos dominical entre dans les mœurs en 321. Les jeux d'arène cessent en 325 à la suite d'une décision du concile de Nicée.

Pendant ce temps, les martyrs font leur entrée

dans les textes de l'Église. Concernant la légion thébaine, saint Ambroise écrit dans sa préface :

« Cette troupe de fidèles, éclairée de la lumière divine, vint des extrémités du monde pour vous adresser, Seigneur, ses supplications ; cette légion de guerriers, protégée par ses armes matérielles, était aussi bien défendue par les armes spirituelles, quand elle courut au martyre avec la plus généreuse constance. Le cruel tyran, pour les effrayer par la crainte, les fait mourir en les décimant ; mais comme tous persistaient imperturbablement à confesser la foi, il les fait égorger tous de la même manière. La ferveur, au reste, les animait, au point qu'ils se dépouillent de leurs armes, fléchissent le genou et reçoivent les coups de la main des bourreaux avec la joie au cœur. Parmi eux, saint Maurice, embrasé d'amour pour votre foi, a gagné en ce combat la couronne du martyre. »

11

Déterrer les morts

À la fin du IVe siècle, la tradition orale permet de retrouver les lieux où dorment les héros de la foi. La mémoire des anciens s'est transmise de pères en fils, de ceux qui ont vu à ceux qui savent. Exhumer des ossements et des reliques de martyrs chrétiens devient une pratique à la mode. Tous les lieux de sépultures chrétiennes prennent la grandeur des sites sacrés.

Comme toutes les contrées d'Europe, le Valais a changé de visage en quelques décennies. On le rattachera bientôt au royaume des Burgondes. Il accueille en outre son premier évêque, Théodore. L'authenticité de ce personnage est attestée par sa présence au concile d'Aquilée, près de Venise, en 381. Il y siégeait en tant qu'évêque, sage donc âgé, ce qui nous donne une indication valable, bien qu'approximative, sur l'époque de sa présence dans le Valais.

Vers 372, nous dit saint Eucher, l'évêque Théodore a la « révélation » de la présence des corps des martyrs et du lieu où ils sont enterrés. Ce terme de « révélation », qui peut avoir différents sens, a fait couler beaucoup d'encre.

Certains ont penché pour l'hypothèse d'une révélation divine ; d'autres ont pensé qu'on s'était basé sur le songe d'un vieux fou pour aller gratter la terre, sans croire toutefois que l'on trouverait quelque chose à l'endroit indiqué. Les moins enclins à la piété ont même parlé de la supercherie d'un homme cupide, décidé à donner de l'importance à son petit évêché. Tous les autres font confiance au texte de saint Eucher.

Au ve siècle donc, Eucher, évêque de Lyon, rédige la passion *martyrum acaunensium*, plusieurs années avant sa mort survenue en 449, constituant le seul et le plus ancien document écrit sur le martyre de la légion thébaine. Les récits datant du Moyen Âge n'en sont que des copies agrémentées.

Eucher a laissé une empreinte plus profonde que Théodore. On trouve mention de son nom dès 411 quand, jeté à la mer par les barbares avec femme et enfants, il s'échoue sur les rivages de l'île de Lérins, sur la côte méditerranéenne de la Gaule. Il y restera quelques années à enseigner le latin aux moines de Saint-Honorat. À l'époque où il écrit la passion des martyrs d'Agaune, vers 440, il a été nommé évêque de Lyon. C'est un homme de poigne et d'expérience. Il entreprend de raconter l'histoire de Maurice pour pallier un manque : personne n'a encore pensé à le faire avant lui. Les saints ne devaient leur renommée en Gaule qu'aux seuls dires de ceux qui revenaient d'Agaune. Eucher ne s'y est probablement pas rendu. Il écrit d'après des témoignages oraux, se recommandant d'Isaac, évêque de Genève, un homme qui n'a pas d'existence historique avérée.

Certains historiens modernes ont profité de ces ombres pour remettre en cause le martyre lui-même. Sans juger de la rigueur historique du texte de saint Eucher, il reste à remarquer que la dévotion aux saints du Valais n'avait pas de limites géographiques.

On peut aussi se demander pourquoi les autochtones ont pu attendre si longtemps avant d'aller trouver les autorités religieuses pour leur faire part de leurs informations ou même entreprendre des fouilles par eux-mêmes. À ceci l'on peut répondre qu'au temps où les Romains étaient les maîtres de la région, il valait mieux être discret et ne pas trop s'approcher de Verroliez, si l'on tenait à la vie ! Et encore une fois, pendant soixante-dix ans après les faits, il n'y eut aucune autorité religieuse dans la région susceptible d'organiser et de cautionner des recherches.

Un beau jour donc, les hommes creusent à la recherche des ossements des martyrs. Un à un, les corps sont découverts, exhumés et pieusement amenés contre la muraille de pierre d'Agaune. Des prières accompagnent cette mise au jour minutieuse et lente.

Immédiatement, on décide de construire une modeste basilique, à un seul pan, appuyée contre le rocher. Les premiers pèlerins se précipitent, soucieux de prier sur les tombes enfin accordées aux martyrs.

En quelques années, les conversions et les miracles que l'on attribue aux martyrs popularisent Agaune bien au-delà des limites du Valais. De nombreux malades, notamment ceux qui souffrent de fièvre, repartent guéris. Des païens irréductibles trouvent l'illumination. De Gaule et d'Italie, de nouveaux groupes de pèlerins affluent.

D'illustrent personnages se mêlent aux anonymes. Citons Martin de Tours (372-397), natif des Carpates, qui vint à Agaune à la fin du IVe siècle. Très impressionné par l'atmosphère particulière qui se dégageait du lieu, il voulut emporter des reliques de Maurice, désirant prolonger sa dévotion personnelle en la faisant partager à ceux qu'il était en train d'évangéliser. Or les moines refusèrent de les lui donner. Sans se décourager, Martin, dit la légende, se rendit sur le lieu du martyre et commença à gratter la terre avec un couteau, pour en emporter une motte dont il se serait contenté. Mais du sang jaillit, dont il remplit plusieurs fioles. L'une fut remise à l'abbaye, une autre parvint à Tours et une autre encore à Angers. Saint Maurice devint pour cette raison le patron de la cathédrale de Tours, nom maintenu jusqu'en 1096, où elle devint cathédrale Saint-Gratien, en hommage à son premier évêque.

Moines et laïcs affluent à un rythme tel que la construction des origines s'avère trop petite. De plus, les malades réclament des soins particuliers. On songe rapidement à augmenter le site d'une infirmerie et d'une hôtellerie qui seront prêtes pour les premiers pèlerins du Ve siècle.

Agaune devient un haut lieu de la chrétienté médiévale. Pendant tout le Moyen Âge, il est assidûment fréquenté. Un millénaire plus tard il n'a pas été abandonné. Un phénomène imprévisible. En effet, Maurice n'a pas laissé dans la région son empreinte comme l'aurait fait un missionnaire. Arrivé au hasard d'un ordre militaire dans une région si lointaine et si différente de son Égypte natale, il se retrouve néanmoins au centre d'un culte intarissable.

Les miracles continuent. Leur importance est capitale puisque leur constatation par le clergé local confère à Maurice le statut de saint, sans qu'il soit besoin de canonisation en bonne et due forme. Ce mode de canonisation marque de façon typique les saints des premiers siècles, dont la popularité devance toute enquête vaticane.

12

L'abbaye d'Agaune

Le culte qui se perpétue au pied de la muraille rocheuse d'Agaune depuis les pèlerinages des premiers siècles jusqu'au ministère des chanoines actuels ne constitue-t-il pas la preuve la plus criante de l'authenticité du massacre des Thébains à Agaune sous le règne de Dioclétien en dépit de la rareté des sources écrites ?

« En matière de faits et d'histoire, ce ne sont pas seulement les écrits et les livres qui font foi, écrit Dom Calmet. Ce sont les monuments publics, les tombeaux érigés, les églises bâties. Ces sortes de choses sont aussi indubitables que les histoires les plus authentiques. »

À Agaune, la prière des pèlerins de passage est rapidement doublée d'une activité religieuse attachée au lieu, enracinée de façon définitive dans la terre du Valais. Une piété à l'origine de laquelle on trouve la détermination d'un prince burgonde.

Il s'agit de Sigismond, fils du roi Gondebaud (476-516), que son père associe au gouvernement quelques années avant sa mort. Le jeune homme vit à Genève et professe au début de sa vie l'arianisme cher aux barbares : l'hérésie à la mode à cette époque, qui permet de se dire chrétien sans obéir à

Rome. Comme des milliers d'Orientaux, il se plaît à nier la divinité du Verbe et adhère pleinement à la désobéissance doctrinale d'Arius qui prétendait que le dogme monothéiste était incompatible avec les relations existant entre Père, Fils et Saint-Esprit.

Saint Athanase, jeune diacre d'Alexandrie, s'était opposé avec courage au puissant Arius dont les hérésies avaient à elles seules prêté matière à plusieurs conciles. Athanase avait connu l'exil, mais Arius était mort d'une façon aussi répugnante que Judas. On l'avait trouvé crevé par le ventre, ses entrailles autour de lui, dans les latrines publiques.

Dans le Valais, les choses se passent plus confidentiellement. Saint Avit, évêque de Vienne, se met en tête de convertir Sigismond avant qu'il ne devienne roi des Burgondes et il y parvient parfaitement.

Sigismond, tout frais converti, se sent une dette envers l'Église en même temps qu'il s'éprend d'Agaune. Il rêve d'y fonder une abbaye, dans les premières années du VIe siècle. S'il ne professe plus l'arianisme, il reste amoureux de la piété orientale, gardant une estime sans mélange pour les moines aux allures de champions de la foi que l'on trouve dans le désert et qui ajoutent à la récitation quotidienne des cent cinquante psaumes le fait de vivre qui dans un arbre, qui au sommet d'une colonne.

Saint Avit et saint Maxime, évêque de Genève, conseillent le prince burgonde qui vient souvent à

Agaune réfléchir à la forme que prendra le monastère qu'il souhaite y faire construire. Le 30 avril 515, Sigismond signe l'acte officiel de fondation à Verroliez, en présence de nombreux seigneurs. Il lègue également un terrain considérable aux premiers moines du site, « pour le remède de son âme, à Dieu, à saint Maurice et à tous les pieux personnages qui vivent là ». Ces terres se trouvent en Valais et au pays de Vaud, dans les diocèses d'Aoste, de Genève, de Grenoble, de Lyon et de Besançon... soit un peu partout dans le royaume de Bourgogne.

Dès juin 515, le premier abbé arrive. Il s'appelle Hymnémode et se charge d'organiser de façon pratique les instructions de Sigismond. Des indications dans lesquelles on trouve le reste de la fascination passée de Sigismond pour l'Orient. Ces réminiscences conditionnent même le particularisme d'Agaune. Loin d'imiter la vie monacale que pratique saint Benoît de Nursie depuis une quinzaine d'années à Subiaco en Italie, les moines qui viennent s'installer en surplomb du Rhône vont s'organiser de manière à assurer la *Laus perennis*. Une louange qu'en dehors d'Agaune ne récitent que les acémètes, des moines byzantins qui ont adopté cette forme de louange en 420.

Dans le Valais, cinq chœurs se relayent pour réciter un office choral sans trêve. Une exigence qui réclame des effectifs conséquents. Si bien que des moines arrivent des monastères voisins pour rendre la chose possible. De la sorte, l'abbaye ne ressemblera à aucune autre.

Hymnémode compose ses groupes de prière. D'après les archives, on sait que les trois quarts des effectifs sont issus d'autres maisons. Le « groupe du Jura » vient de l'abbaye de Condat, devenue plus tard Saint-Claude. Le groupe vaudois vient de Romainmôtier. Celui de Probus est formé d'ecclésiastiques et d'hommes du monde entrés au séminaire. Le groupe de l'Île Barbe arrive des environs de Lyon. Le dernier arrive de Grigny.

Le mardi 22 septembre 515, en la fête de saint Maurice, dans un chantier inachevé, saint Avit consacre la première abbaye d'Agaune en présence de Sigismond.

L'emploi du temps des moines a de quoi étonner. Outre le programme liturgique exigeant, ces messieurs disent les heures canoniales. Hors des offices, des chants et des psaumes, les moines ne sont astreints à aucune règle commune. Il semble que chaque groupe, appelé *turma* ou *norma*, vivait selon les habitudes qu'il avait déjà prises dans sa fondation d'origine. On note aussi une grande autonomie administrative de chacun de ces groupes. Chacun possède son propre supérieur, l'abbé de l'abbaye assurant la direction spirituelle uniquement de tous les groupes. Ce qui importe à l'Église, c'est le respect de la *Laus perennis*. Cette louange perpétuelle ne souffrira aucun oubli jusqu'au Xe siècle. Les actes de donations particulières en témoignent.

Hymnémode meurt le 3 janvier 516. Il a été abbé durant sept mois. C'est Ambroise, de l'Île Barbe, qui lui succède, jusqu'en 520 et achève les travaux de la basilique.

Sigismond demeure. Ses goûts religieux passés se prolongent par ses préférences artistiques. En quelques années on note l'influence de l'art byzantin dans la Vallée du Rhône et dans une partie de l'Italie. Le mode de vie religieuse qu'il a institué à Agaune fait des émules. Des monastères francs ouvrent leurs portes, calqués sur le modèle de l'abbaye du Valais, *ad instar Acaunesium.*

Quelques décennies avant que l'école bénédictine ne devienne la référence monacale dans toute l'Europe, les abbayes, affichant des emprunts à l'Orient, vivent leurs grandes heures.

Ce courant se nourrit des textes. La vie de saint Antoine par saint Athanase à peine traduite en latin, les moines se passionnent pour ce mode de vie hybride qui les met un peu à l'abri de la domination vaticane. On rêve plus d'un pèlerinage en Terre Sainte que d'une prière dite sur le tombeau de saint Pierre.

Pour généreuse que soit l'entreprise de Sigismond à Agaune, sa vie n'a pas été exemplaire de bout en bout. En 522, poussé par sa seconde femme, il étrangle un de ses fils nommé Sigéric. Il vient ensuite faire longuement pénitence de ce crime à Agaune, auprès des moines ses amis.

La mort du roi burgonde tient de l'anecdote. Traqué par les Francs, il se réfugie dans l'abbaye d'Agaune. Un traître dénonçant sa cachette à Clodomir, il est fait prisonnier avec sa femme et ses fils Gislaad et Gondebaud. Tous périssent, jetés dans un puits, en 523.

Les moines parviennent à récupérer ses restes, pour les enterrer à Agaune, dans l'église. Des malades viendront en masse chercher guérison sur la tombe de feu leur roi ; certains l'obtiendront.

13
Un lieu convoité

Rares sont les foyers de chrétienté présentant sur des siècles une chronique sans le moindre temps mort ou quelque période d'abandon des lieux. Le mont Cassin lui-même, fondé de la main d'un des instituteurs de l'Europe, n'a pas toujours été occupé. L'abbaye d'Agaune tient lieu d'exception.

Son histoire ne s'en trouve pas moins mouvementée, à l'image des modifications politiques qui affectent la région dans laquelle elle est implantée. Au gré des péripéties historiques, Agaune va devoir s'adapter à toutes sortes d'exigences.

Bien des rois vont apporter des modifications dans le mode de fonctionnement de l'abbaye, certains exerçant une véritable mainmise laïque dans les premiers temps de la communauté.

Bastion religieux en pays burgonde au temps de Sigismond, Agaune demeure un centre auquel les rois mérovingiens se montrent attachés, prenant soin de ne pas laisser le joyau devenir conquête de l'Italie toute proche. On peut trouver quelque intérêt politique à cet attachement. Les Mérovingiens, considérés dans la région comme des usurpateurs, pensent s'attirer la sympathie du peuple et du clergé en accordant leurs faveurs aux premiers moines d'Agaune. En 672, ils déclarent saint Maurice *patronus noster*.

En 730, personne ne peut empêcher qu'un laïc, le duc Norbert, ne s'empare de la dignité abbatiale. Entre 760 et 856, les abbés de Saint-Maurice sont aussi évêques de Sion. La mainmise laïque est complète.

Agaune entre avec la période carolingienne dans une ère des plus florissantes. Charlemagne lui-même séjourne dans ses murs. Il fait des dons importants à l'abbaye, coutume commune à bien des rois et empereurs médiévaux. En plus des dotations matérielles, il accorde des privilèges à l'abbaye.

L'abbaye devient sans doute bénéfice royal dès Charles Martel. L'usurpation est consommée avec Conrad qui fonde le second royaume de Bourgogne à Saint-Maurice en 888. Son fils Rodolphe sera porté sur la liste des abbés laïcs. Le monastère reste possession royale pendant toute la durée de ce royaume et la vitalité de l'abbaye en souffre. En 1017, Rodolphe III visite le village d'Agaune, qui ne porte pas encore le nom de Saint-Maurice, et se désole de ne plus trouver que six occupants entre les murs de l'abbaye. À la mort de Rodolphe III, en 1032, les moines n'ont même pas le temps de goûter l'autonomie, puisqu'ils passent immédiatement aux mains de la Maison de Savoie, une tutelle qui durera un siècle.

Il faut l'intervention d'un saint, en l'occurrence celle de saint Hugues, évêque de Grenoble, pour convaincre le comte Amédée III de Savoie de renoncer à la pression laïque qu'exerce sa famille sur l'abbaye. Ce dernier admet et signe l'indépendance de l'abbaye, le 30 mars 1128.

Les papes ne sont pas en reste. Beaucoup contribuent à l'évolution de l'abbaye. Certains font des cadeaux.

Grégoire III (731-741), accorde le pallium à l'évêque Willicaire. Cet homme d'Église avait trouvé refuge à Agaune pendant l'assaut des Francs pour mettre la Bourgogne au pas en 737. Passé les troubles, il décida de rester à Agaune. Après avoir reçu le pallium, Willicaire devient abbé de Saint-Maurice.

Le pape Étienne II (752-755) vint à Agaune le 25 novembre 753. Un enjeu politique de taille doublait la visite pastorale, puisque le pape venait négocier avec le roi des Francs... qui, lui, ne daigna même pas se déplacer.

En 1050, le pape Léon IX vient prier sur les tombeaux des martyrs. Visite sans tambours ni trompettes, puisque, à cette époque, l'abbaye est pratiquement vide.

Quittons un instant la liste des papes pour citer la

pittoresque histoire d'Annon, archevêque de Cologne. En 1070, il vint comme tant d'autres se recueillir sur les restes des martyrs. Puis il attendit la nuit et revint voler des reliques de saint Innocent et la tête de saint Vital, pour les exhiber triomphalement une fois rentré chez lui.

En 1128, le pape Honorius II approuve la réforme de l'abbaye et son passage sous le régime de la règle de saint Augustin ; réforme rendue possible dès que la maison de Savoie a retiré son influence laïque sur les lieux.

Le 25 mai 1148, le bienheureux Eugène III consacre personnellement la nouvelle abbatiale.

En 1178, le pape Alexandre III prend l'abbaye de Saint-Maurice sous la protection immédiate du Saint-Siège.

En 1196, Célestin III donne aux abbés de Saint-Maurice le privilège de porter la mitre et l'anneau, ce qui souligne que l'abbaye n'a besoin d'aucun intermédiaire entre elle et Rome. La bulle de concession précise : « Afin que la faveur manifeste la liberté et que l'ornement soutienne la dignité. »

1244 : Innocent IV confirme et ajoute les autres *pontificalia* à la mitre et à l'anneau, car, écrit le souverain pontife, « vraiment, votre monastère, rattaché sans intermédiaire au siège apostolique, le Seigneur admirable dans ses Saints l'a rendu célèbre par un glorieux trésor, à savoir les corps précieux des Martyrs, Maurice et ses compagnons, dont les miracles variés ont comblé ce lieu de gloire et d'éclat ».

Grégoire XVI, en 1840, confère la dignité d'évêque de Bethléem à l'abbé de Saint-Maurice.

Pie XII accorde, par bref apostolique du 30 novembre 1948, les honneurs de basilique mineure à l'église jusque-là simplement abbatiale et cathédrale.

Dès les origines de l'abbaye, les papes et rois ont rivalisé de diplomatie pour attacher le lieu qui au siège pontifical sans autre intermédiaire, qui au domaine royal sans droit de regard clérical. Un souhait à l'origine de tous les privilèges acquis par les moines. Dès le haut Moyen Âge, on cite l'abbaye avec celles de Farfa et de Lérins, comme les monastères types de l'exemption.

14
Chronique familière

La chronique familière ne peut faire abstraction de la situation géographique d'Agaune. Cette présence de la pierre, qui fait quelque peu ressembler les lieux à Lourdes, va être à l'origine de plusieurs drames. Au cours de l'histoire, il arrive que quelques tonnes de pierre se décrochent, s'écrasant sur les lieux de piété. Ce drame se manifeste en 1595. Puis encore le 3 janvier 1611 : cette fois les voûtes du chœur s'effondrent.

Le dernier éboulement en date remonte au 3 mars 1942. Des tonnes de pierres s'abattent sur la tour romane de l'abbaye, pendant que les chanoines célèbrent la messe conventuelle. La toiture craque, mais il n'y a ni blessés ni morts.

Toujours dans la série des événements tragiques, il faut noter les incendies de 940, et celui de 1560 qui entraîna la perte de bien des livres liturgiques. Si les dommages ne furent que matériels, l'abbaye dut se défaire de terres pour financer les réparations. Nouvel incendie à la fin du XVIIe siècle, causant la mort de dix-huit personnes, dont deux chanoines.

À côté de ces sombres anecdotes, que serait l'évocation de la vie d'une abbaye séculaire sans que mention soit faite de ses particularismes, des règles suivies et de la personnalité de quelques-uns de ses abbés ?

L'aspect liturgique emprunté à l'Orient, qui convenait bien au culte d'un homme né sur les bords du Nil, se maintient un certain temps : trois siècles.

Alors que les moines occidentaux se mettent à défricher l'Europe, se faisant autant paysans que moines, les hommes qui entrent à Agaune sont accaparés par leurs offices. À ce sujet, l'évêque Victor de Grenoble écrit : « Puisque les moines d'Agaune, à cause des obligations de la louange perpétuelle, ne peuvent s'adonner aux travaux comme dans les autres monastères, il importe que le roi les dote généreusement. » On lit ceci dans l'*Acte des fondations*. D'autres documents avouent tout de même, en quelques mots avares, qu'autour de l'abbaye une activité culturelle trouva le temps de s'épanouir.

L'âge d'or du temps carolingien, avec les grands abbés que seront Willicaire et Althée, est chassé par des heures de décadence de la vie religieuse et monastique. Comme Cluny plus tard, l'abbaye est devenue trop riche, trop influente pour ne se consacrer qu'à la liturgie. Le lieu du silence devient le lieu de séjour des ambassades royales et pontificales. Les armées en partance pour l'Italie s'y arrêtent aussi, plongeant les moines, plus que de raison, dans les problèmes du monde.

Autant le VIIIe siècle avait été synonyme de renaissance, autant le IXe est décadent. Les moines sont remplacés par des chanoines. Ces hommes suivent la règle de saint Chrodegang, l'évêque de Metz, admise par le concile d'Aix-la-Chapelle en 817.

La réforme générale qui se met en place sous la houlette de saint Benoît d'Aniane pose des problèmes, à Agaune comme en d'autres monastères habitués à vivre de particularismes. Le principe d'imposer la règle bénédictine aux religieux et la règle d'Aix aux séculiers, le tout sous le contrôle de Benoît d'Aniane, modifie les plans du Valais. Puisque, selon la règle de saint Benoît, l'abbé doit être désigné par les moines, il faudrait, pour qu'Agaune y corresponde, que les rois retirent le titre d'abbé offert à l'occasion à des abbés laïcs et séculiers. De plus, ces abbés ne pourraient plus partir pour faire la guerre...

À Agaune, on trouve une demi-mesure, de façon à ce que l'intérêt politique l'emporte sur la qualité de la vie communautaire vécue dans l'oubli du monde. Mais de la sorte, le roi, en reconduisant le rôle essentiel de l'évêque de Sion auprès de l'abbaye, garde un appui nécessaire pour la possession du versant nord de la route du Grand-Saint-Bernard, du col du lac Léman et de nombreuses ressources militaires. On peut dire qu'Agaune a échappé à la réforme générale du Xe siècle.

L'abbaye monastique prend le titre de collège

canonici. Les *canonici* sont ces membres du clergé qui, au cours du premier millénaire, sont placés sous l'obédience d'un évêque, vivent en communauté, sont attachés à une église. Une formule imaginée par saint Augustin, évêque d'Hippone en 395, ajustée par Chrodegang, évêque de Metz en 742, révisée lors du concile d'Aix en 816.

Les chanoines sont encore réformés en 1059 lors du synode du Latran. Tout en conservant leurs devoirs d'office au sein d'une communauté et leurs vœux, ils doivent renoncer à la propriété. Une réforme qui débouche sur la scission de la communauté en « chanoines réguliers » qui suivent la réforme, tandis que les « chanoines séculiers » gardent l'opportunité de posséder autant qu'ils le voulaient.

En 1128, c'est l'adoption de la règle de saint Augustin et le détachement du pouvoir laïc de l'abbaye. La prospérité est garantie pendant un siècle et demi.

L'abbé Nantelme, à la tête de l'abbaye de 1223 à 1258, remet à l'honneur le culte spécifique des martyrs d'Agaune. Il entreprend des travaux de façon à ce que les restes quittent la crypte pour prendre place dans l'église. Cette « révélation », qui a lieu le 26 octobre 1225, fait le tour de l'Europe. Le culte gagne de l'importance, les pèlerins reprennent les chemins du Valais. En 1262, Louis IX demande même les reliques de saint Maurice en échange d'une épine de la couronne du Christ rapportée de Constantinople.

Le XIIIe siècle marque aussi le changement de statut de l'abbaye qui passe du statut communautaire à celui de collégiale. Le résultat glané par les chanoines réside dans une autonomie personnelle plus large en dehors des heures de prière. Ils utilisent ce temps dans l'administration des domaines lointains.

Au milieu du XIVe siècle, la charge de prieur disparaît et la dynamique de l'abbaye avec.

Au XVe siècle, le pouvoir de l'abbaye s'amoindrit avec l'élargissement de la domination valaisanne. À la suite des épreuves connues avec l'incendie de 1560, l'abbé Jean V Miles juge plus sage de signer des actes qui placent l'abbaye à partir du 12 juin 1570 sous la protection de l'État. Mauvaise affaire finalement, qui permit à l'ingérence de l'État de faire des dégâts jusque dans le recrutement des chanoines, mais sauvegarda néanmoins Agaune de la disparition.

Au XVIIe siècle, sous les encouragements pressants des nonces, les chanoines acceptent de revenir à plus de régularité et notamment de reprendre la vie commune. La charge priorale est rétablie par l'abbé Pierre IV Maurice Odet. Un rituel de 1615 prescrit que seuls les cardinaux, évêques, et abbés des monastères amis de Saint-Maurice peuvent se permettre de célébrer au maître-autel de l'église abbatiale. Des détails qui rendent un peu de vitalité à la communauté.

Cependant, on est loin de la *Laus perennis* des origines. Les chanoines se consacrent à des travaux d'érudition, rédigent des chroniques historiques d'une grande précision, jouent par leurs écrits un rôle dans la défense de la foi en Valais.

La Révolution n'épargne pas les chanoines. L'interdiction de recevoir des novices est absolue. Des inventaires forcés sont effectués, l'abbaye doit verser de l'argent. Les séquelles sont lourdes. Mais finalement, ces modifications dans la vie quotidienne permettent, grâce à l'enthousiasme de l'abbé Joseph III Exquis, de nouvelles activités.

En 1806, l'enseignement et l'éducation deviennent deux activités essentielles attachées à l'abbaye.

Autre nouveauté tentée au XIXe siècle : la mission. Après un essai d'œuvre missionnaire en Algérie de 1854 à 1857, les chanoines se sont tournés avec succès vers le Pérou et vers l'Inde.

Bien des modifications, certes, au cours de l'histoire, mais la vocation liturgique, l'assistance spirituelle des populations et la vénération des reliques ne bougent pas, dix-sept siècles après le martyr de saint Maurice.

15

Les trésors de Saint-Maurice

Le premier trésor est bien entendu d'ordre spirituel. Peu de sites ont autant de saints locaux à honorer !

Dès le Ve siècle, on vient prier sur les tombeaux enfin offerts aux martyrs. Au VIe siècle, dans la première basilique construite sur les lieux, vingt-six reliquaires sont mentionnés.

Pour mieux exposer ces trésors, Félix V fait aménager en 1440 une chapelle du Trésor, dans la dernière basilique du Martolet. Pendant un siècle, le lieu attire de nombreux pèlerins.

Le drame éclate lorsque la dynastie de Savoie quitte le Valais en prétendant emporter toutes les reliques incluses dans le monastère dont elle a si longtemps géré les intérêts. Après de longues discussions, la maison de Savoie, arguant que saint Maurice est son patron, obtient d'emporter la moitié des reliques. Le gouvernement de Sion, partie prenante dans les négociations, donne son aval pour le départ des trésors, qui s'effectue en 1590, en dépit des protestations de l'abbaye et de la consternation du peuple.

Quelques décennies plus tard, en 1622, les reliquaires emportés par la maison de Savoie sont retrouvés en bien mauvais état, négligés depuis longtemps par leurs dépositaires illégitimes.

Une remise en état s'impose, au lendemain du retour des reliques à Agaune. Le 24 octobre 1638, on les place dans la chapelle Saint-Maurice de la nouvelle église, où elles demeurent jusqu'au 6 mai 1907.

En 1922, une reconnaissance des reliques est effectuée, sans procès-verbal, de sorte qu'on ne peut dire aujourd'hui avec exactitude dans quels reliquaires du Trésor se trouvent les reliques d'origine, accompagnées des parchemins authentiques. En effet, celles de nombreux autres saints ont été ajoutées au Trésor, au gré des cadeaux faits par de puissants pèlerins aux VIe, VIIe et VIIIe siècles.

Des objets ayant appartenu à saint Maurice ont été conservés, donnant lieu, au cours des âges, tantôt à des expositions, tantôt à un nouvel usage. La lance et le glaive de saint Maurice ont rempli ces deux fonctions.

La lance sacrée de saint Maurice contenait un des clous avec lesquels le Christ fut crucifié. Mais de là à suivre la légende selon laquelle cette lance a servi à transpercer le flanc du Christ... il y a la marge qui sépare une croyance d'une vérité de foi.

Considérée comme symbole de victoire, la lance de saint Maurice fut prise en main par bien des rois et empereurs médiévaux.

Elle fut possession des Burgondes en premier lieu. Rodolphe de Bourgogne la céda au premier Saxon installé sur le trône. L'objet devint symbole de pouvoir pour les Germains pendant tous les siècles de leur puissance.

Au Xe siècle, Othon Ier s'en empara à plusieurs reprises. Avec, il remporta notamment la première victoire de l'histoire contre les redoutables Magyars à Augsbourg en 955, ces descendants des Huns devenus aujourd'hui Hongrois.

Saint Étienne, premier roi des Magyars, s'en servira à son tour dans les premières années du nouveau millénaire pour partir à l'assaut des derniers païens qui menacent sa jeune nation.

Au début du XIe siècle, les Germains l'associèrent au trésor de leur Saint Empire. L'empereur Henri IV fit consolider l'objet dont le fer de lance avait été fendu. Une plaque d'argent fut ajoutée entre les deux parties cassées.

Un ruban doré indique encore en latin : « Le clou du Seigneur, Henri, troisième empereur du Saint Empire romain germanique par la grâce de Dieu, a ordonné la confection de cette plaque d'argent pour la consolidation du clou du Seigneur et de la lance de saint Maurice. »

La lance de saint Maurice est aujourd'hui exposée à l'Hofburg de Vienne.

Saint Maurice possédait également un glaive, lui aussi promis à un usage soutenu au cours des âges, quoique sa mention dans les textes remonte moins loin que celle de la lance.

Les textes parlent de ce glaive à partir de 1315.

L'empereur germanique Charles IV, sur le trône de 1346 à 1377, l'incorpora au trésor et décida qu'on s'en servirait pour les couronnements.

Le glaive et la lance de saint Maurice ont souvent été exposés au Marché neuf de Prague au cours de l'histoire.

D'autres reliques ont voyagé, tels le bouclier et l'étrier de saint Maurice. Ces deux objets se trouvaient dans l'église Saint-Maurice de Rottenbourg-Ehingen, dans le Sud de l'Allemagne.

Cette église a de ce fait deux attributions : elle est lieu de sépulture des comtes de Hohenberg et lieu de pèlerinage à saint Maurice.

Ce que l'on appelle le « Trésor de Saint-Maurice » à Agaune, complète le patrimoine constitué dans la foulée du martyre des Thébains. Des objets de prix ont été offerts aux religieux qui entretenaient le culte des martyrs.

Parmi les merveilles exposées, citons :

— Le vase de sardonyx, pièce taillée dans un superbe sardonyx monté sur or, enrichi de lapis-lazuli et de perles. Des scènes de mythologie grecque sont gravées sur la panse.

— Le coffret mérovingien de Teudéric, coffret-reliquaire.

— L'aiguière dite de Charlemagne, en or fin

rehaussée de plaques d'émaux, de filigranes et de ciselures.

L'abbaye d'Agaune ne se contenta pas d'accepter des cadeaux de prix. Équipée très tôt d'un atelier d'orfèvrerie, ses moines produisirent reliquaires et autels d'une grande beauté.

Il est même permis de penser qu'au XIIIe siècle l'abbaye de Saint-Maurice battait monnaie. Un privilège royal qui entretenait l'amitié étroite que les rois souhaitaient avec Agaune.

Certaines monnaies d'or frappées à Agaune sont exposées au cabinet des médailles de la Bibliothèque nationale de Paris et au Musée de Lyon.

16

Agaune et les temps modernes

Au XXe siècle, la paisible abbaye d'Agaune reste fidèle à l'événement sacré qui se trouve à son origine. Comme aux premiers temps, les religieux prient et accueillent.

Abbaye territoriale, Agaune est composée de quatre paroisses et met en outre les dizaines de prêtres dont elle est riche, à la disposition du diocèse voisin de Sion.

Une activité d'enseignants complète le rôle des chanoines dans la cité. À Agaune même, les chanoines tiennent un collège qui accueillait 1 150 élèves en 1994.

L'activité missionnaire, en revanche, a été réduite ces dernières années. De 1930 à 1935, les chanoines ont apporté leur participation au collège de Bangalore en Inde, puis ont pris en charge en 1937 la préfecture apostolique de Kalimpong et du Sikkim, au nord du Bengale. Ces territoires sont devenus le diocèse de Darjeeling en 1962, bientôt pris en main par l'évêque autochtone Mgr Éric Benjamin, assisté de prêtres formés parmi ses compatriotes. Par conséquent, les chanoines n'envoient plus de prêtres en Inde. Leur présence n'est plus indispensable et le gouvernement ne la souhaite tout simplement pas.

Ils se contentent donc de rester spirituellement très proches du clergé de l'autre bout du monde et se tournent vers les besoins nouveaux qui apparaissent à leur porte.

En 1930, une nouvelle définition de l'abbaye fut rédigée. On fit alors l'inventaire de ses possessions. Son territoire total fut évalué à 97 km^2.

L'abbé de l'abbaye a titre d'évêque. Quarante chanoines vivent actuellement entre les murs de l'abbaye, soit la moitié des effectifs.

Au lendemain de Vatican II, les chanoines remirent à jour leurs Constitutions à la lumière du martyre de saint Maurice et en obéissance au concile Vatican II.

Reprenons les premières lignes de ce texte qui, sous forme de questions et de réponses, définit de façon très claire la mission des chanoines d'aujourd'hui :

— Quelle est notre source vive ?

— Sur le tombeau des Martyrs, le culte eucharistique et la louange ininterrompue des merveilles de Dieu ont constamment associé la Passion des disciples à la Pâque de leur Seigneur.

L'abbaye veut maintenir cette liturgie dans la basilique d'Agaune, nommée à juste titre « camp des Martyrs ». Ses membres reconnaissent dans le mystère eucharistique le centre de leur vie religieuse. Ils s'efforcent d'en prolonger le rayonnement dans les communautés qu'ils forment et dans celles qu'ils animent.

— Quel style de communauté ?

— Saint Augustin déclarait : « Comment nous voulons vivre, comment avec l'aide de Dieu nous vivons déjà, je veux que vous l'appreniez par la lecture du livre des Actes des Apôtres (cf. 2, 42-47). Vous verrez décrite la forme de vie que nous désirons remplir ! » Déjà saint Maurice et ses compagnons avaient soutenu le don de leur vie par une extrême dilection fraternelle. À leur tour, les religieux de Saint-Maurice acceptent cet idéal de vie canoniale, puisant dans la délicatesse de leur charité fraternelle la forme et l'unité de leur témoignage.

— Quel témoignage ?

— Les Martyrs ont triomphé de Satan et du monde par le Christ Jésus (cf. Ap 12, 17). Saint Augustin fut, en un temps troublé, un témoin de la cité de Dieu : l'œuvre de libération et de salut continue. Avec l'Église, et tous les hommes de bonne volonté, l'abbaye recherche dans ses activités apostoliques la transfiguration du monde par l'esprit des Béatitudes (Vatican II, *Lumen gentium*, 31).

Enfin, ce livre serait incomplet s'il n'était question des deux communautés de femmes nées à l'ombre d'Agaune.

La Congrégation des Sœurs de Saint-Maurice

vient en aide aux pauvres. Elle fut créée le 22 septembre 1865, grâce au chanoine d'Agaune Maurice-Eugène Gard, qui souhaitait au départ une communauté capable d'éduquer les orphelins de la région, très nombreux à l'époque. Les religieuses s'installèrent à Verolliez, puis déménagèrent à La Pelouse en 1962.

Actuellement au nombre de cent vingt, de nationalité suisse ou malgache, elles assurent un service irremplaçable d'aide sociale auprès des enfants handicapés, des personnes âgées, des pauvres et des malades. Très actives auprès des jeunes, elles enseignent dans plusieurs écoles et collèges suisses, se montrent disponibles à toutes les détresses sprirituelles.

Les Sœurs de Saint-Maurice vivent en communauté et mettent en application la parole du Christ : « Ce que vous ferez au plus petit d'entre les miens, c'est à moi que vous le ferez. »

L'autre communauté de femmes présente à Agaune s'occupe de communication. Un autre chanoine de l'abbaye, Louis Cergneux, en est à l'origine. En 1897, il rêve d'une œuvre de presse d'inspiration religieuse qui aurait pour devise *Adveniat regnum tuum*. Qui mieux que des religieuses pourrait répondre à cette exigence ?

On considère que la date du 10 septembre 1906 doit être retenue comme date de fondation puisque, ce jour-là, les premières jeunes filles intéressées par le projet prononcèrent leurs vœux.

Un premier bulletin paroissial, celui de Vernayaz, paraît en 1908. Désormais, cinq cents paroisses utilisent le bulletin réalisé par les éditions Saint-Augustin, qui ont en outre édité cent cinquante titres de librairie.

Les sœurs se dirigent actuellement vers de nouvelles formes de communication audiovisuelles et, infatigables, fabriquent aussi des vêtements liturgiques et des objets de culte.

Les deux communautés sont complémentaires dans leurs buts : secourir et instruire, soit une prolongation plus matérielle de l'objectif visé par leurs voisins les chanoines.

17

Un mot d'architecture

Les chanoines entretiennent la mémoire des lieux.

L'exploration archéologique entreprise à Agaune, depuis le premier chanoine avec sa pelle jusqu'au champ de fouilles informatisé d'aujourd'hui, poursuit et développe la tradition qui depuis des centaines d'années est la raison d'être de l'abbaye.

Parmi les chercheurs qui se sont passionnés pour les secrets que contenait la terre, on peut citer le prieur Pierre Bourban mort en 1920 et Louis Blondel, archéologue qui fouilla personnellement à Agaune entre 1944 et 1949.

Grâce aux fouilles, on peut aujourd'hui faire l'inventaire des différentes constructions effectuées au cours des âges, en hommage au sacrifice de saint Maurice.

Quelques vestiges de la chapelle de saint Théodore, construite entre 360 et 370, ont été retrouvés. Souvenir émouvant d'une toute petite construction presque carrée d'environ dix mètres de côté, collée à la paroi de pierre.

Du ve siècle reste la trace d'une basilique déjà trois fois plus vaste, avec une rampe d'accès vers le premier hospice et un vestibule permettant d'aller directement de l'hospice à la basilique.

Le VIe siècle se donna les moyens de construire des bâtiments fonctionnels entre 515 et 520 : basilique à nef romane, crypte, sacristie, portique et chapelles latérales.

Du VIIIe siècle, c'est-à-dire du temps des abbés Vultchaire et Althée, les archéologues ont exhumé le dessin d'une basilique plus grande encore que la précédente, conservant le chœur oriental existant, ajoutant un chœur occidental à l'opposite ainsi qu'une galerie supérieure.

Du XIe siècle, il reste des éléments d'un clocher roman. Sous Rodolphe III mort en 1032, en effet, on reconstruisit l'abbatiale de Saint-Maurice, avec une tour romane semblable à celle qui existe aujourd'hui. Cette abbatiale était la plus grande du pays, longue de soixante-cinq mètres. Restaurée aux XIIe, XIIIe et XIVe siècles, elle précède immédiatement la basilique de notre époque.

La basilique qui s'offre à la vue aujourd'hui conserve bien des éléments de l'édifice bâti au XVIIe siècle, consacré le 20 juin 1627 par le nonce du pape, ravagé par les flammes, entièrement restauré au début du XVIIIe siècle, modifié au cours du XIXe siècle, endommagé par la chute de pierres en 1942, et agrandi depuis.

Une histoire qui explique la juxtaposition de boiseries baroques et d'arcs brisés gothiques, l'incorporation de trois chapiteaux très anciens et de l'ambon carolingien.

Les derniers travaux ont été confiés par son excellence Monseigneur Louis II Séverin Haller à l'architecte Claude Jaccottet. Sa tâche n'était pas simple. Il devait respecter le style, agrandir les lieux sans les rendre difformes, et s'adapter en outre aux besoins modernes. Mission accomplie. Le lieu, magnifique d'harmonie et de clarté, a résolu ses problèmes d'espace interne en ajoutant un avant-chœur devant le chœur. Les reliques ont pris place dans un oratoire sur la façade ouest de la basilique, où sont dits certains offices en hiver, et qui le reste du temps est fermée par une grille en fer forgé datant du XVIe siècle.

Le clocher roman a été rebâti fidèlement. Un cloître propice à la méditation, roman lui aussi, a été ajouté, dont les quatre galeries encadrent un jardin et une fontaine.

On peut encore contempler une mosaïque de Maurice Denis, montrant saint Maurice et ses compagnons en costume romain. Maurice a les armes à ses pieds et les bras au ciel. Deux anges lui posent une couronne sur la tête.

Une image qui résume tout à la fois le rôle temporel de saint Maurice et son idéal d'éternité, célébré à Agaune depuis plus d'un millénaire.

Annexe 1

Renseignements pratiques

• On fête saint Maurice le 22 septembre, en même temps que ses compagnons Exupère, Candide, Ours et les deux Victor.

• Représenté dans l'iconographie du Moyen Âge sous les traits d'un Maure, saint Maurice est tout naturellement devenu patron des teinturiers et des blanchisseurs. Il est aussi patron des officiers chrétiens, des fantassins et des chasseurs alpins. Au Moyen Âge déjà, plusieurs ordres de chevalerie s'étaient mis sous sa protection.

• Très populaire pendant des siècles, Maurice a prêté son prénom à bien des Européens. Différentes variantes existent selon les contrées : Maurice, Mauricette, Moritz, Moris, Morizio, Mauricius, Mauricet, Rice ou encore Amaury en lequel certains voient une forme médiévale du prénom.

• En France, en Suisse et dans d'autres pays, bien des églises sont placées sous le patronage de saint Maurice d'Agaune, de nombreuses communes portent son nom : soixante-deux communes françaises, cinq cent soixante-trois paroisses ou chapelles (toujours en France) dont quarante-sept en Savoie, quarante-quatre églises en Suisse. En Belgique, vingt-cinq paroisses se réclament du même personnage, dont le culte s'est répandu quelques siècles plus tard au Canada.

Dès 420, sainte Geneviève, patronne de Paris, a été baptisée dans une église dédiée à saint Maurice. D'autres lieux ont fait de même en Allemagne, Espagne, Italie, Portugal, Autriche et Luxembourg.

• Si saint Maurice d'Agaune est le plus connu, il y a d'autres saint Maurice. Au XIIe siècle, un petit paysan breton de Loudéac entre à l'abbaye cistercienne de Langonnet dont il devient rapidement l'abbé. Trente ans plus tard, il fonde un autre monastère à Carnoët sur les terres de Conan IV, duc de Bretagne. C'est là qu'il meurt en 1191. On le fête le 5 octobre.

Deux siècles plus tard, en Hongrie, le jeune Maurice Csaky se désole de ne pouvoir devenir prêtre. Sa haute naissance, sa richesse et son père le contraignent à épouser la fille d'un Palatin (équivalent du Premier ministre dans la Hongrie médiévale). Mais très rapidement, les deux époux se séparent d'un commun accord. Lui entre chez les dominicains, elle chez les dominicaines. Il meurt en 1336. On le fête le 21 mars.

Plus proche de nous, Maurice Tornay, prêtre suisse de l'ordre du Grand-Saint-Bernard, part en mission au Tibet. En août 1949, il est assassiné dans la ville chinoise de Tothong. Jean-Paul II l'a déclaré bienheureux et martyr de la foi en 1993. On le fête le 11 août.

Annexe 2
Document

La passion des martyrs d'Agaune a été écrite par saint Eucher au Ve siècle. Le plus ancien exemplaire que l'on conserve de ce document capital consiste en une copie datant de l'an 600 environ. Il se trouve à la bibliothèque nationale à Paris et mesure 15,5 × 23,5 cm. Il est classé au numéro 9550[5].

Le voici :

« Eucher au Seigneur Sylvius, évêque saint et bienheureux en Jésus-Christ :

« J'envoie à ta béatitude le récit de la Passion de nos martyrs car je craignais que le manque de soin ne permît au temps d'effacer de la mémoire des hommes les actes d'un si glorieux martyre. Je me suis enquis de la vérité de cet événement auprès de personnes de poids, de ceux-là mêmes qui affirmaient avoir appris les circonstances de cette Passion, telles que je les rapporte ici, de saint Isaac, évêque de Genève, qui les tenait, je le crois, du bienheureux Théodore, beaucoup plus ancien que lui. Ainsi, pendant que d'autres viennent de différents lieux et de diverses provinces offrir à l'honneur et au service des Saints des présents d'or, moi, je leur offre cet écrit qui est mon œuvre, si vous daignez l'honorer de vos suffrages ; et je les supplie en retour d'intercéder auprès de Dieu, pour en obtenir la rémission de mes péchés, et de me continuer toujours à l'avenir leur protection. Souvenez-vous aussi de moi devant le Seigneur, saint et justement bienheureux frère, et vous tous qui êtes spécialement attachés au service de ces saints.

« À l'honneur des martyrs qui ont illustré Agaune par la glorieuse effusion de leur sang, nous avons mis par écrit le récit de leur Passion ; et nous l'avons fidèlement rapportée dans le même ordre qu'elle nous a été transmise ; car une tradition successive et suivie a dérobé jusqu'ici à l'oubli la mémoire de cet événement ; et si un lieu particulier, si une ville est illustrée par la possession des reliques d'un seul martyr (c'est non sans raison, puisque ces saints ont fait au Très-Haut le sacrifice de leur vie précieuse), avec quelle vénération ne doit-on pas visiter le lieu sacré d'Agaune, où l'on sait que tant de milliers de martyrs ont été mis à mort pour Jésus-Christ.

« Venons-en maintenant à la cause même de cette bienheureuse Passion.

« Sous Maximien qui gouvernait l'Empire romain avec Dioclétien, son collègue, des peuples de martyrs furent tourmentés ou mis à mort dans la plupart des provinces. Ce prince, ajoutant aux fureurs de l'avarice, de la luxure, de la cruauté et des autres vices un entêtement excessif pour le culte exécrable des idoles et le mépris sacrilège du vrai Dieu, avait armé son impiété pour détruire jusqu'au nom même du christianisme.

« Quiconque osait alors faire profession de la vraie religion était traîné aux supplices ou à la mort par des troupes de soldats postées de toutes parts ; et ce prince semblait avoir fait trêve avec les nations barbares, pour tourner toute la force de ses armes contre la religion. Il y avait alors dans l'armée une légion de soldats appelée Thébains ; or on donnait en ce temps le nom de légion à un corps de 6 600 hommes d'armes. Appelés des contrées de l'Orient, ils étaient venus au secours de Maximien ; habiles dans l'art de la guerre, distingués par leur courage et plus encore par leur foi, également zélés pour servir l'empereur par leur bravoure et Jésus-Christ par leur piété, ils se souvenaient du précepte de l'Évangile et rendaient à Dieu ce qui est à Dieu, et à César ce qui est à César.

« Comme on les destinait donc, ainsi que les autres soldats de l'armée, à arrêter la grande multitude des chrétiens, ils furent les seuls qui osèrent se refuser à ce ministère de cruauté, et ils déclarèrent qu'ils n'obéiraient point à de tels ordres. Maximien n'était pas loin car il s'était arrêté près d'Octodure pour se reposer des fatigues de la route. Lorsque des courriers vinrent lui annoncer que cette légion, rebelle aux ordres impériaux, s'était arrêtée dans les défilés d'Agaune, son indignation le rendit furieux.

« Mais, avant de poursuivre ce récit, il me paraît à propos de faire connaître la situation de ce lieu. Agaune est à environ 60 milles de Genève et à 14 milles de la tête du lac Léman, dans lequel se jette le Rhône. Il est situé dans une vallée entre les montagnes des Alpes. On y aborde difficilement par un chemin rude et étroit ; car le Rhône, minant les rochers à leur base, laisse à peine aux passants un chemin praticable. Mais les gorges une fois franchies, on découvre tout à coup, entre les pentes rocheuses des montagnes, une plaine assez spacieuse. C'est là que s'était arrêtée la légion sainte.

« Maximien ayant donc appris, comme nous l'avons déjà dit, la réponse des Thébains, s'abandonne aux transports de la colère qu'excite en lui leur désobéissance à ses ordres ; il commande que la légion doit décimée, afin d'amener plus facilement, par la crainte, les autres à se soumettre ; et il ordonne de nouveau de les contraindre à poursuivre les chrétiens.

« Mais lorsqu'on eut signifié cette nouvelle injonction aux Thébains et qu'ils eurent appris qu'on exigeait encore d'eux des exécutions impies, un murmure se fit entendre de toute part dans le camp : tous affirmaient qu'en vue de personne ils ne se prêteraient à de sacrilèges fonctions ; qu'ils auraient toujours en horreur le culte profane des idoles ; qu'élevés dans la pratique de la religion sainte et divine, ils n'adoreraient que le seul Dieu de la Trinité Sainte ; qu'ils aimaient mieux endurer les derniers supplices que de rien faire qui fût contraire à la foi chrétienne.

« Apprenant cela, Maximien, plus cruel qu'une bête féroce, se livre de nouveau à son caractère sanguinaire, les fait décimer une seconde fois, et commande néanmoins que l'on contraigne les survivants à exécuter ce qu'ils avaient méprisé. Ces ordres ayant été de nouveau apportés au camp, on procéda à une seconde décimation ; mais la multitude des soldats qui survivaient s'exhortaient mutuellement à persister avec courage dans une si belle résolution. Dans ces circonstances, le plus grand soutien de la foi fut saint Maurice qui, selon la tradition, était alors primicier de cette légion, et dont les exhortations furent appuyées par celles d'Exupère, son aide de camp (comme l'on dit dans les armées), et de Candide, sénateur des soldats ; il animait chaque soldat à persévérer dans la foi. En leur rappelant l'exemple de leurs compagnons martyrs, il les engageait tous à mourir, s'il était nécessaire, pour le sacrement de leur Christ, pour la foi de leur Dieu ; et il leur montrait l'obligation de suivre leurs frères d'armes, qui déjà les avaient précédés dans le ciel. Et la glorieuse ardeur du martyre embrasait ces bienheureux guerriers. Animés donc et autorisés par leurs principaux officiers, ils adressent à Maximien, que la rage brûlait, des représentations courageuses autant que respectueuses, que l'on dit avoir été conçues en ces termes :

« "Nous sommes tes soldats, ô Empereur, mais

nous sommes avant tout serviteurs de Dieu, nous le confessons librement. Nous te devons l'obéissance militaire, nous lui devons l'obéissance. Nous recevons de toi la paie de notre labeur, de lui nous avons reçu la vie. Nous ne pouvons avec toi, Empereur, aller jusqu'à nier Dieu notre Créateur, notre Seigneur, oui, notre Créateur et ton Créateur aussi, que tu le veuilles ou que tu ne le veuilles pas. Si nous ne sommes pas contraints à accomplir des actes assez coupables pour l'offenser, nous t'obéirons encore, comme nous l'avons toujours fait ; s'il en est autrement, nous lui obéirons plutôt qu'à toi. Nous t'offrons pour les employer contre quel ennemi que ce soit, nos mains que nous croyons criminel de rougir d'un sang innocent. Ces mains qui savent combattre les ennemis et les impies ne savent point frapper des hommes pieux et des citoyens. Nous nous souvenons que nous avons pris les armes plutôt pour les citoyens romains que contre eux.

« “Nous avons toujours combattu pour la justice, pour la piété, pour le salut des innocents : ce fut là pour nous la récompense de nos dangers. Nous avons combattu avec fidélité sous tes drapeaux ; mais cette fidélité, comment te la conserverons-nous si nous la refusons à notre Dieu ? Nous avons ensuite prêté serment à l'empereur, sache que notre second serment est illusoire si nous violons le premier. Tu ordonnes le supplice des chrétiens par nos mains, il en est d'autres que tu n'auras pas la peine de chercher loin de toi : tu vois ici en nous des hommes qui confessent Dieu le Père, créateur de toutes choses, nous croyons en son fils Jésus-Christ, Dieu.

« “Nous avons les compagnons de nos travaux et de nos dangers égorgés par le fer, le sang a rejailli sur nous ; et cependant nous ne pleurons pas la mort de nos très saints compagnons, nous ne les plaignons pas, mais bien plutôt nous les louons, et nous sommes pleins de joie parce qu'ils ont été trouvés dignes de souffrir pour le Seigneur, leur Dieu. Maintenant, le suprême besoin de vivre ne nous a pas poussés à la rébellion ; le désespoir, si énergique en face du péril, ne nous a point armés contre toi, ô Empereur. Nous voici les armes à la main, et nous ne résistons pas, parce que nous aimons mieux recevoir la mort que la donner, périr innocents que vivre coupables. Si tu rends encore de nouveaux décrets contre nous, si tu donnes de nouveaux ordres, si tu apportes de nouvelles menaces, feux, tortures, glaives, nous sommes prêts à tout subir. Chrétiens nous nous déclarons, nous ne pouvons persécuter des chrétiens.”

« Maximien, après avoir entendu ces représentations et reconnu l'attachement inviolable des Thébains à la foi de Jésus-Christ, désespérant de pouvoir vaincre leur glorieuse constance, décréta d'un seul arrêt la mort de tous et ordonna que l'exécution se fît par les troupes qui les investiraient. Lorsque ces troupes furent arrivées près de la glorieuse légion, elles tirèrent leurs épées sacrilèges contre ces saints qui, par amour pour la vie, ne refusaient point de mourir. Livrés de toute part au massacre, ils ne se plaignaient pas, ils ne résistaient pas ; ils déposèrent au contraire les armes et livrèrent leurs têtes aux persécuteurs et présentèrent leurs cous et leurs corps sans défense à leurs bourreaux. Ni la considération de leur grand nombre, ni la confiance dans les armes dont ils étaient munis ne les portèrent à soutenir par la force la justice de leur cause. Se rappelant uniquement qu'ils confessaient Celui qui fut conduit à la mort sans se plaindre, et qui comme un agneau n'ouvrit point la bouche, ils se laissèrent massacrer eux aussi, comme un troupeau de brebis consacré au Seigneur, par ceux qui comme des loups fondirent sur eux.

« La terre en cet endroit fut couverte des corps morts des saints, elle fut arrosée par des ruisseaux de ce sang précieux. Quelle fureur donna jamais, hors la guerre, le spectacle d'un si horrible carnage de corps humains ? Quelle barbarie condamna jamais tant d'hommes à périr à la fois, fussent-ils des coupables ? La multitude ne sauva pas des innocents, quoiqu'il soit ordinaire de laisser impunies les fautes de la multitude. Ce fut donc par cette cruauté inouïe du plus féroce des tyrans que périt ce peuple de martyrs, à qui l'espérance des biens futurs fit mépriser la réalité des choses présentes.

« Ainsi fut massacrée cette légion vraiment angélique, qui, on ne peut en douter, maintenant est unie dans les cieux aux légions des anges, et loue avec eux le Seigneur, Dieu des Armées.

« Le martyr Victor n'était point de cette légion, ni même actuellement soldat ; c'était un vétéran. Chemin faisant, il se trouva tout à coup au milieu des soldats qui, charmés de s'être enrichis des dépouilles des martyrs, festinaient de tous côtés. Ils l'invitèrent à manger avec eux ; mais comme lorsque dans l'ivresse de la joie ils lui en eurent appris la cause en détail, prenant en horreur et festin et convives, il voulut s'éloigner. Là-dessus, ils lui demandèrent si par hasard il n'était pas chrétien lui-même ; Victor leur répondit qu'il l'était et le serait toujours. Aussitôt ils se jetèrent sur lui et le tuèrent ; ils l'associèrent ainsi dans le même lieu aux autres martyrs dont une mort semblable lui fit partager la gloire.

« De ce grand nombre de martyrs nous ne connaissons que ces noms, c'est-à-dire ceux des bienheureux Maurice, Exupère, Candide et Victor ; les autres noms sont inconnus, mais ils sont écrits dans le livre de vie. On regarde aussi comme membres de cette légion les martyrs Ursus et Victor que la tradition nous dit avoir été massacrés à Soleure, forteresse située sur l'Aar, à peu de distance du Rhin.

« Il est à propos d'indiquer quel fut le prix d'un pareil acte, en rappelant la mort qui dans la suite vint frapper le cruel tyran Maximien. Ayant dressé des embûches pour faire périr son gendre Constantin, qui régnait alors dans les Gaules, sa trahison fut découverte. Arrêté aux environs de Marseille, il fut étranglé peu après. Cet infâme supplice termina sa vie criminelle et fut bien la mort qu'il avait méritée.

« Les corps des bienheureux martyrs d'Agaune furent révélés, comme on le rapporte, longtemps après le massacre, à saint Théodore, évêque de ce lieu. Et tandis qu'il faisait construire en leur honneur une basilique qui, adossée à un immense rocher, n'est accessible que par un côté, il apparut un miracle que je ne cois pas devoir passer sous silence.

« Parmi les ouvriers qui avaient été appelés à concourir à cette œuvre, il y avait un forgeron qui était encore païen. Un dimanche, tandis que les autres artisans s'étaient éloignés pour assister aux fêtes de ce jour, cet ouvrier était seul dans le bâtiment en construction. Tout à coup, dans cette solitude, les saints se manifestèrent au milieu d'une vive lumière ; cet ouvrier est saisi, traîné à la mort, étendu pour subir le supplice. Il distingue nettement la foule des martyrs tandis qu'on l'accable de coups en lui reprochant de manquer seul à l'église un jour de dimanche et d'oser, lui païen, concourir à l'œuvre sainte de cette construction. Ce fait cependant fut accueilli par les saints avec une telle miséricorde que l'ouvrier, plein de frayeur et de trouble, demanda pour lui-même le nom sauveur et se fit chrétien sur-le-champ.

« Je ne passerai pas non plus sous silence cet autre miracle des saints, parce qu'il est célèbre et connu de tous. La femme de Quintius, homme distingué et revêtu des fonctions publiques, était atteinte d'une paralysie qui lui avait fait perdre l'usage des pieds ; elle demanda instamment à son mari de la faire transporter à Agaune malgré la longueur de la route. Lorsqu'elle y fut arrivée, on la porta sur les bras dans la basilique des Saints martyrs ; elle regagna à pied son hôtellerie, et ses membres déjà morts étant rendus au mouvement, elle promène aujourd'hui le miracle dont elle a été l'objet.

« J'ai cru ne devoir insérer que ces deux miracles dans mon récit de la passion des Saints martyrs. Il y en a beaucoup qu'opère en ce lieu la volonté du Seigneur par l'intercession de ces saints qui chassent les démons et guérissent les malades. »

Traduction du chanoine Eugène Gros dans son ouvrage *Histoire du martyre de saint Maurice et de la légion thébéenne*, OSA Est Maurice, 1900.

Annexe 3
Prière

Des chants ont été écrits spécifiquement pour honorer saint Maurice d'Agaune. Celui qui suit est l'un des plus anciens, noté sur une portée grégorienne. Il s'appelle *O locum cultu.*

O locum cultu

O locum cultu potiore dignum,
Corporum qui tot meruit sacrorum
Sanguinem fundens,
Fluvios merentis Ferre cruoris.

Terre d'Agaune, ô la plus glorieuse !
Des milliers de martyrs
T'arrosent d'un sang
Qui te féconde !

Non caret multo Rhodanus decore
Purpuram vincens rutilo rubore,
Sanguine tinctus pretiosiore,
Fluminis unda.

Ô fleuve Rhône, le plus beau des fleuves !
Tu es plus éclatant que la pourpre

Saint Maurice

Et le sang qui te colore, plus précieux
Que son eau fertilisante !

Mauriti princeps, legioque tota
Digna pro Christo posuisse vitam,
Criminum nobis veniam potenti
Posce rogatu.

Commandant Maurice et vous, toute sa légion,
Vous fûtes dignes de donner votre vie pour le Christ.
Que votre puissante prière nous obtienne
Le pardon de nos péchés !

Praestet hoc nobis Deitas beata,
Patris ac nati, pariterque sancti
Spiritus cujus reboat in omni
Gloria mundo.
Amen !

Par la Divinité bienheureuse
Du Père et du Fils et de l'Esprit,
De qui la gloire
Emplit l'univers.
Amen !

Table des matières

Cet ouvrage a été réalisé par la
SOCIÉTÉ NOUVELLE FIRMIN-DIDOT
Mesnil-sur-l'Estrée
pour le compte des Éditions du Rocher
en mars 1997

Éditions du Rocher
28, rue Comte-Félix-Gastaldi
Monaco

Imprimé en France
Dépôt légal : mars 1997
CNE section commerce et industrie Monaco : 19023
N° d'impression : 37942